LES MÉTIERS DE LA PSYCHOLOGIE

Charlotte MAREAU
Adeline VANEK-DREYFUS

Les auteurs

• **Charlotte Mareau**, doctorante en psychologie, chargée de cours à l'Université, exerce dans le domaine de la petite enfance.

• **Adeline Vanek-Dreyfus**, psychologue clinicienne au lycée français de New-York, exerce en psychiatrie adulte.

SOMMAIRE

PARTIE III

INTRODUCTION

Les métiers de la psychologie attirent souvent, tout autant qu'ils déroutent. Ils mobilisent également de nombreux stéréotypes quant à leurs statuts et la spécificité de leurs exercices.

A quoi sert un psychologue ? Quelle est sa place dans une institution ? Auprès d'un patient ? Quel est son rôle par rapport à celui d'un médecin ou d'un travailleur social ?

Bien des étudiants en psychologie ont des difficultés à définir les caractéristiques de leur future profession, les limites de leurs actions. Ils se trouvent également confrontés, lors des stages, à la mobilisation de nombreux préjugés concernant leur activité.
D'une façon générale et pour schématiser, ces *a priori* sont de deux ordres. D'un côté, le psychologue peut être perçu comme un être inquiétant et tout puissant, inquisiteur, qui risque de « lire dans la tête » des gens et de les manipuler. Il fascine, souvent, mais mieux vaut ne pas trop le fréquenter : « *les psys, c'est pour les fous, donc cela ne nous concerne pas !* » Ce premier registre d'*a priori*, correspondant à une certaine représentation populaire de la psychologie, ferme bien des portes, et rend certaines relations très difficiles à aménager.
Le deuxième ordre d'a priori concerne la stricte utilité du psychologue. « *Un psychologue, ça ne sert à rien !* ». Il ne prescrit pas de médicaments, n'administre aucun soin « concret » ou objectivable, et la démonstration de la rentabilité de son action est souvent complexe, voire presque impossible.
Ce type de préjugés est d'autant plus difficile à combattre qu'il est encore très agissant au sein des milieux professionnels et même politiques. Créer des postes de psychologues ? Mais pourquoi faire ? Bien des institutions vous feront sentir dès votre arrivée qu'il n'y a pas de place pour votre action, que celle-ci dérange, et doit se justifier davantage que dans d'autres professions.

Voilà pour le plus noir du tableau. Le nombre de postes de psychologues disponibles est très insuffisant par rapport à celui des étudiants formés. De plus, ce métier mal connu est peu valorisé. Futurs étudiants, ou professionnels intéressés par une formation dans le domaine de la psychologie, soyez donc d'emblée avertis ! Un parcours aux aspects concrets, avec ses joies et ses difficultés, vous sera exposé au fil de cet ouvrage. Il n'est ni simple ni évident de décrocher un DESS en psychologie, et moins encore de trouver un poste dans le domaine qui vous passionne depuis toujours.

Mais il reste une évidence, qui demeure récurrente dans la bouche de bien des praticiens en exercice : « *c'est un métier formidable !* »

Les métiers de la psychologie, quels qu'ils soient, vous conduiront au fil de votre pratique et de votre formation à vous interroger profondément sur l'autre et sur vous-même, et à donner une autre dimension à votre conception d'un espace relationnel.
C'est un métier tourné vers l'humain, vers son développement, ses souffrances et ses possibilités d'épanouissement. C'est un métier difficile, qui amène à bien des remises en cause, mais qui se révèle aussi très gratifiant. Je crois ne pas émettre qu'une opinion personnelle en disant : « *ce métier donne tout simplement envie de se lever le matin, pour aller l'exercer.* »

Chaque psychologue est spécifique, aucun ne ressemble à un autre : c'est en tant qu'individu, au sein d'une démarche toute personnelle, qu'il vous faudra convaincre, dès les premiers stages, pour offrir encore et toujours une place à cette profession particulière.
Le psychologue est du côté de la respiration. Il est celui qui permet que circulent la parole et la pensée, en instaurant un décalage, un tiers, entre différents éléments. Il offre, tant à l'individu qu'au groupe social plus ou moins intégré, la possibilité d'un retour sur soi, d'une réflexion au sens de s'apercevoir, de prendre conscience des données agissantes à des degrés internes comme externes, et de leurs interactions.
Il est celui qui, de par sa position extérieure et au moyen des outils de sa formation, vient rendre saillants et démêler les rouages d'un fonctionnement humain.

Cette introduction ne saurait constituer une définition. Elle dresse simplement un constat. Celui d'une réalité sociale et politique assez sombre, au sein de laquelle une place très insuffisante est accordée aux psychologues. Et celui d'un enthousiasme, partagé par beaucoup, dans la découverte et l'exercice d'une telle profession.
Il appartient en définitive aux psychologues et futurs psychologues de faire évoluer le regard qui est porté sur leur profession, et,

en en faisant mieux comprendre et apprécier les subtilités, de voir s'améliorer la place qui leur est faite dans la société.
Consulter un psychologue ne devrait jamais être une honte ou une déchéance. Il ne s'agit pas de créer des besoins ou des dépendances, comme cela a parfois été reproché aux thérapeutes de diverses obédiences, mais plutôt de reconnaître et de faire reconnaître ces besoins.

Cet ouvrage va s'attacher à décrire les formations et domaines d'application des métiers de la psychologie. Il va tenter d'en fournir une appréhension aussi claire et réaliste que possible, dans un champ disciplinaire en constante évolution. La distinction du psychologue des autres professionnels de la psychologie sera l'objet succinct de cette première partie, avant un abord plus approfondi des différents métiers et des formations y conduisant.

PARTIE I

CHOISIR LA PSYCHOLOGIE

1. Identité d'un psychologue

Le psychologue

Le *Petit Robert* nous donne la définition suivante :
« **Psychologue** : *1. Spécialiste de la psychologie. Personne qui exerce un des métiers de la psychologie appliquée.*
2. Personne qui a une connaissance (empirique, littéraire) de l'âme humaine. »

Cette description succincte de la nature et des fonctions d'un psychologue appelle la consultation d'une autre définition, celle de la psychologie, afin d'en cerner plus précisément les objets d'étude. Toujours dans le *Petit Robert*, on trouve la définition suivante :
« *Psychologie : 1690 : « science de l'apparition des esprits » (cf « psycho » et « logie »). 1. Connaissance de l'âme humaine, considérée comme une partie de la métaphysique.*
2. Etude scientifique des phénomènes de l'esprit, de la pensée, caractéristiques de certains êtres vivants (animaux supérieurs, homme) chez qui existe une connaissance de leur propre existence. »

Le Bureau international du travail en délivre en ces termes sa définition : « *Le psychologue étudie le comportement humain et les processus mentaux, recommande le traitement des problèmes psychologiques dans les milieux médicaux, industriels et d'enseignement [...], élabore le diagnostic, le traitement et la prévention des désordres émotionnels de la personnalité ainsi que des difficultés dues à la mauvaise adaptation de l'environnement social et situationnel, développe et administre des tests d'intelligence, d'attitudes, d'aptitudes et de capacités [...]. Les psychologues ont une fonction de facilitateur de la communication et de catalyseur du changement dans une société en évolution constante.* »

Dans le cadre de la fonction publique, des définitions plus précises encore des différentes fonctions d'un psychologue sont fournies par certains ministères.

Le concours de la fonction publique territoriale délivre la conception suivante des rôles et statuts des psychologues recrutés :
« *Les psychologues territoriaux étudient, au travers d'une démarche professionnelle propre, les rapports réciproques entre la vie psychique et les comportements individuels et collectifs afin de promouvoir l'autonomie de la personnalité.*
Ils contribuent à la détermination, à l'indication et à la réalisation d'actions préservatrices et curatives et collaborent aux projets d'aide sociale à l'enfance et de protection maternelle et infantile. »

Le ministère de la Défense décrit pour sa part en ces termes les fonctions des psychologues recrutés dans le cadre de la Protection judiciaire de la jeunesse :
« *Les psychologues de la Protection judiciaire de la jeunesse exercent leurs fonctions dans les services et établissements placés sous l'autorité administrative d'un directeur. Ils assurent les fonctions, conçoivent les méthodes et mettent en œuvre les moyens et techniques qui correspondent à la qualification issue de la formation qu'ils ont reçue. Leur mission est de favoriser et de garantir la prise en compte de la réalité psychique afin de promouvoir l'autonomie des mineurs et jeunes majeurs confiés par l'autorité judiciaire aux établissements et services du secteur public de la protection judiciaire de la jeunesse.*
A cet effet, les psychologues suscitent ou entreprennent un travail spécifique visant les problématiques des jeunes et de leurs familles.
Ils contribuent à la définition et à la mise en œuvre des projets éducatifs et d'orientation, tant sur le plan individuel qu'institutionnel.
Ils peuvent élaborer, participer ou susciter tous travaux et toutes recherches ayant trait à leurs activités. En outre, ils peuvent collaborer à des actions de formation organisées notamment par les centres de formation de la Protection judiciaire de la jeunesse. »

Le psychologue va donc être au contact avec l'humain, « l'âme humaine », et le fonctionnement psychique humain, tant sur un plan individuel que familial ou groupal. Il a une fonction d'évaluation et d'interprétation – bien sûr, à travers la maîtrise de différents outils –, mais il est aussi et surtout chargé d'assurer la protection des personnes. Il est le garant du respect de leur intégrité psychique.
Sa position de toute-puissance, de « sujet supposé savoir », ne lui autorise donc pas toutes les initiatives. Un code de déontologie régit les limites et les impératifs de ses interventions.

PSYCHOLOGUE, UN MÉTIER ENCORE MAL COMPRIS

D'après A. Létuvé, ancien secrétaire général du Syndicat national des psychologues (SNP), la compétence et l'expérience du psychologue l'obligent à remplir un double devoir :

· témoigner de l'accroissement du mal-être psychologique que génère l'évolution de la société. Malgré la reconnaissance affichée de « l'importance des facteurs psychologiques », les actes ne suivent pas, le courage politique manque, les moyens sociaux sont absents... ;

· expliquer en quoi la situation paradoxale des professionnels de la psychologie révèle un problème fondamental de la société. Alors qu'on « psychologise » à tour de bras toutes les activités humaines, la discipline elle-même et ses praticiens sont malmenés et leur situation souvent sinistrée.

« *Faute de se donner les moyens d'utiliser et de garantir au mieux la profession de psychologue et ses professionnels hautement spécialisés, d'y investir les moyens légaux et économiques minimums, les pouvoirs sociaux non seulement gâchent bien des potentialités fertiles mais, qui plus est, acceptent et valident par le silence et les comportements velléitaires tous les dévoiements et les mésusages aveugles* ». (« Les psychologues témoignent », *Psychologues et psychologies*, n° 123, 1995).

Le métier de psychologue n'est pas le seul débouché dans le champ de la psychologie, et certaines professions parfois assimilées à la sienne méritent d'en être distinguées.

Le psychanalyste

Il utilise une des approches de la psychothérapie : la psychanalyse, inventée par Sigmund Freud. Spécialiste de l'inconscient, il n'est pas nécessairement médecin, mais doit être préalablement passé par l'expérience de la cure analytique pour devenir à son tour psychanalyste.

Il est généralement affilié à un institut de psychanalyse, dispensant une formation personnelle et théorique en lien avec les conceptions freudiennes, mais également celles de Lacan, de Jung, ou d'autres psychanalystes ayant fait école. Il exerce le plus souvent son métier en cabinet privé.

Ni le titre ni l'exercice de la psychanalyse ne sont réglementés en France, ce qui en fait une profession peu protégée et parfois mal reconnue. Toute personne ayant elle-même suivit une analyse est *a priori* habilitée à ouvrir un cabinet de psychanalyste à son tour.

Le psychothérapeute

Il est le plus souvent psychologue ou médecin, ayant été formé à diverses méthodes thérapeutiques. Il soigne les problèmes psychiques de ses patients.
Comme le psychanalyste, il exerce en cabinet, à titre privé, et comme celui-ci, malheureusement, sa profession n'est actuellement ni reconnue ni réglementée.
Concrètement, n'importe qui peut se dire psychothérapeute, aucun diplôme ou expérience préalables n'étant requis. C'est un titre non contrôlé en France, et aucune formation universitaire ne mène à un diplôme de psychothérapeute.
Beaucoup de psychologues cliniciens s'orienteront néanmoins vers cette profession, au terme de leur formation universitaire complétée d'un travail personnel le plus souvent.

Le psychiatre

Le psychiatre est obligatoirement un médecin et l'exercice de la psychiatrie n'est donc pas accessible aux détenteurs de la seule formation de psychologie. Pour devenir psychiatre, il faut se diriger vers un cursus de médecine, puis se spécialiser dans le domaine de la psychiatrie, c'est-à-dire dans le diagnostic et le traitement des troubles mentaux graves.
Il exerce en institution et en cabinet privé, prescrit des médicaments (il est le seul à le pouvoir parmi les professions sus-citées), et ses actes sont remboursés par la sécurité sociale. Son activité est reconnue, et il est en outre membre de l'Ordre des médecins.

2. Les chiffres de la profession

Il y a à l'heure actuelle, sur le territoire français, 35 000 psychologues titulaires d'un DESS de psychologie, dont environ :
- 8 000 dans l'Education nationale ;
- 6 000 à 7 000 dans les hôpitaux publics ;
- 5 000 à 8 000 pratiquant en libéral ;
- 4 000 dans les entreprises ;
- 1 000 dans la recherche (800 universitaires et 200 titulaires du CNRS) ;
- 400 dans la justice ;
- 60 dans la police et l'armée.

A titre indicatif, il y a actuellement 13 400 psychiatres en activité, dont 6 450 libéraux, environ 6 000 psychanalystes, et 12 000 psychothérapeutes, de formations diverses.

Au sein de la fonction publique hospitalière, les rémunérations attribuées aux psychologues sont les suivantes, en euros bruts :
- psychologue de classe normale en début de carrière : 1 503,36 ;
- psychologue de classe normale en fin de carrière : 2 838,24 ;
- psychologue hors classe en fin de carrière : 3 378,24.

Ces chiffres correspondent à des rémunérations publiques, mais un psychologue recruté par un organisme privé peut aisément prétendre à des salaires plus élevés, tout particulièrement les psychologues du travail chargés du recrutement ou du coaching en entreprise.

3. Les domaines d'exercice

Les domaines d'exercice de la psychologie sont très nombreux et en constante extension. A tous les âges de la vie, au niveau individuel ou collectif, dans le registre du « normal » ou du pathologique, les psychologues peuvent intervenir, pour mener des actions de soins, d'accompagnement, de soutien ou de prévention.
Un psychologue peut exercer en même temps dans plusieurs champs différents, du fait des nombreuses interactions entre ceux-ci (médical, social, judiciaire...).

Les principaux domaines d'exercice de la psychologie sont les suivants :

Santé, médico-social et thérapie

Il existe de très nombreux domaines d'exercice dans ce champ très large du soin, tels l'hôpital public, qu'il soit général ou psychiatrique, et la clinique privée. Ici encore, toutes les populations sont concernées, de la gériatrie aux nouveaux-nés, des soins palliatifs à la maternité.

De nombreux centres médico-sociaux recrutent des psychologues, dont les dispensaires d'hygiène mentale, les centres de postcure, les CMP (Centres médico psychologique), les centres de PMI (Protection maternelle et infantile), les IMP et les IMPro.

On trouve également des psychologues dans les crèches, et diverses structures de la petite enfance (halte-garderie...), sans oublier bien sûr l'exercice de la thérapie en libéral, auprès d'adultes ou d'enfants.

Justice, insertion et social

La fonction publique recrute des psychologues dans le cadre de la Protection judiciaire de la jeunesse (PJJ), qui jouent un rôle de médiateurs et d'évaluateurs entre l'Etat, l'enfant et la famille. Le milieu judiciaire fait aussi appel à des psychologues en tant qu'experts auprès des tribunaux.

On trouve également des psychologues dans les centres de l'ASE (Aide sociale à l'enfance), notamment pour accompagner les mesures de placement ou d'AEMO (Action éducative en milieu ouvert) ; et dans différentes structures sociales pour jouer le rôle de médiateur familial ou fournir une aide aux victimes.

Education, pédagogie et soutien

Ce secteur concerne essentiellement les métiers en lien avec l'insertion et l'orientation, tels que les psychopédagogues, les psychologues scolaires, et les conseillers d'orientation psychologues. Ils exercent le plus souvent dans les écoles, les collèges et les lycées, ainsi que dans les CIO (Centres d'information et d'orientation).

Ressources humaines en entreprise

Il s'agit d'un champ en pleine expansion et où les débouchés sont multiples. Les psychologues sont employés comme responsables de formation, comme chargés de recrutement, voire même au poste de DRH (Directeur des ressources humaines).

Ils peuvent ainsi tenir au sein des entreprises à la fois des rôles de formateur (coach, conseiller professionnel), d'évaluateur (chargé de bilan de compétences), de coordinateur et de médiateur (chargé de relations écoles-entreprises, psychosociologues des organisations).

Recherche et enseignement

Le travail d'enseignant-chercheur constitue un métier au cours duquel la formation est constante, puisqu'il se situe à la source même de la création du savoir. Les centres de recherche sont également des lieux de transmission et de communication du savoir produit.

Les laboratoires des universités recrutent des enseignants-chercheurs dans les différents domaines de la psychologie, afin de participer au développement de leur discipline et à la formation des étudiants.

D'autres organismes, publics ou privés, sont susceptibles de recruter des psychologues à des fins de recherche : CNRS, EHESS, ORSTOM, INRDP, Inetop...

Humanitaire

Les psychologues engagés dans l'humanitaire interviennent lors de missions en France ou à l'étranger, dans des situations de crises, telles les guerres ou les catastrophes naturelles, comme dans des interventions visant le développement ou la prévention.

Et tous les autres...

Vos champs d'exercices dépendront finalement de votre créativité et de vos capacités d'adaptation et d'initiative. Chaque psychologue doit bien souvent créer son propre poste à partir de l'analyse de besoins et de la mise en valeur de ses propres compétences.

4. La formation

La formation aux métiers de la psychologie s'effectue au cours d'un cursus universitaire, ou au sein d'une des écoles privées (EPP, Ecole des psychologues praticiens) dispensant des enseignements reconnus comme équivalents.

LE CODE DE DÉONTOLOGIE DES PSYCHOLOGUES RÉGLEMENTE AINSI L'USAGE DE CE TITRE

« *L'usage du titre de psychologue est défini par la loi n° 85-772 du 25 juillet 1985 publiée au J.O. du 26 juillet 1985. Sont psychologues les personnes qui remplissent les conditions de qualification requises dans cette loi. Toute forme d'usurpation de ce titre est passible de poursuites.* »
L'article suivant précise à nouveau que : « *L'exercice professionnel de la psychologie requiert le titre et le statut de psychologue.* »
L'ensemble du code de déontologie des psychologues peut être consulté en annexe de cet ouvrage.

Le Deug (Diplôme d'études universitaires générales) de psychologie, effectué en deux ans, fournit une approche globale des différents domaines et objets de la psychologie, ainsi qu'une initiation à d'autres sciences telles que la sociologie, la biologie et la statistique.

La licence de psychologie marque l'entrée en deuxième cycle, et donne souvent lieu aux premiers stages et aux premières spécialisations. Elle s'effectue sur un an et débouche sur la maîtrise de psychologie, beaucoup plus spécialisée, et dont l'intitulé déterminera l'orientation future de l'étudiant. Cette maîtrise, comprenant un stage et la rédaction d'un mémoire de recherche, s'effectue également sur un an.
Selon son intitulé, la maîtrise de psychologie permettra après son obtention d'accéder aux DESS (Diplôme d'études supérieures spécialisées) et DEA (Diplôme d'études approfondies) lui correspondant. DESS et DEA s'effectuent chacun sur une année, et marquent l'entrée en troisième cycle universitaire.

Ce sont donc cinq années d'études en tout qui vous seront nécessaires pour l'obtention d'un titre de psychologue reconnu et protégé. Le titre de psychologue est délivré aux détenteurs d'un DESS, ainsi qu'aux détenteurs d'un DEA assorti d'un certificat de stage de 70 journées.

Ces cinq années d'études jusqu'à l'obtention d'un DESS ou d'un DEA assorti d'un stage s'entendent bien sûr sans redoublement, et sans l'aménagement possible de la licence ou de la maîtrise sur deux ans.
Un Deug doit être obtenu en trois années maximum, soit un seul redoublement possible (attention aux abandons en début d'année, une inscription compte comme une année de Deug). Sur dérogation exceptionnelle, une quatrième année peut être accordée afin d'achever ce premier cycle universitaire.

La licence et la maîtrise peuvent être « redoublées », en repassant les matières qui n'ont pas été validées, mais elles peuvent également être délibérément effectuées en deux ans, en allégeant ainsi les emplois du temps parfois trop lourds comportant des enseignements nouveaux, des stages, et des mémoires de recherche. C'est une solution qui peut s'avérer très appréciable lorsque l'on doit dans le même temps travailler hors du cadre universitaire ou s'occuper d'un enfant.

UN PARCOURS AUX DIFFICULTÉS SURMONTABLES À FORCE DE TRAVAIL ET DE VOLONTÉ

Laure, 21 ans, étudiante en maîtrise de psychologie clinique à Lyon II. C'est en terminale, dans un cours de philo orienté vers la psychanalyse, que Laure a découvert la psychologie. « *J'ai décidé d'entrer en psycho sans trop savoir ce que c'était ! Mais la matière m'a plu dès la première année. C'est vrai que j'ai également eu la chance de tomber dans une fac très orientée vers la psychologie clinique dès le Deug, c'est assez rare. En général, l'approche est plus sociale ou cognitive* ».
Titulaire d'un Bac ES, elle reconnaît que les enseignements de statistiques et de biologie constituent des obstacles difficiles à franchir pour beaucoup d'étudiants. « *Mais ils ne sont pas insurmontables si on travaille régulièrement* ». En licence, les difficultés sont d'un autre ordre. « *En psychopathologie, par exemple, on étudie des cas qui renvoient à des situations personnelles. Certains abandonnent. On ne peut pas faire de psychologie clinique si on n'assume pas ses propres faiblesses, ni devenir psychologue sans avoir été dans la situation du*

patient », estime Laure. Les qualités nécessaires ? De bonnes capacités de réflexion et une grande curiosité. « *Dans cette discipline, on cherche à comprendre ce qui ne se voit pas. Si on est borné, on ne peut pas faire psycho* ».

L'importance de l'introspection et d'un travail sur soi est également rappelée par de nombreux enseignants et praticiens.

LA CONNAISSANCE DE SOI, CLÉ DE LA SÉRÉNITÉ DANS CE MÉTIER !

Jacqueline F., psychologue clinicienne, la quarantaine, nous rappelle que « *la psychologie clinique reste peu lucrative, c'est un luxe et pourtant c'est un travail fantastique. Travailler au niveau de la relation humaine exige une grande force et un bon équilibre. Il ne faut pas se laisser submerger par ses émotions... Chaque étudiant devrait entreprendre un travail de thérapie ou d'analyse, ne serait-ce que pour savoir comment il fonctionne, mais cela n'est pas du tout proposé dans le cadre des études* ».

Afin de présenter de façon plus approfondie et plus concrète les différents champs d'application de la psychologie, les métiers offerts aux titulaires du titre de psychologue vont à présent être détaillés au sein d'une deuxième partie.

La troisième partie de cet ouvrage décrira les formations permettant d'accéder à ces métiers, en termes de spécialisation et de choix d'orientation. Il s'agit parfois de métiers très différents, qu'ils concernent les domaines de l'enseignement, de la santé, ou du travail et dont les auteurs espèrent apporter une vision claire et nuancée.

La dernière partie vous donnera les clefs pour effectuer votre entrée dans la vie professionnelle : du stage aux postes dans les secteurs d'avenir, en passant par la formation et l'élaboration de votre lettre de motivation et de votre curriculum vitæ.

PARTIE II

UNE GRANDE DIVERSITÉ DE MÉTIERS

Le métier de psychologue s'exerce dans un très grand nombre de domaines, et revêt des formes parfois très différentes d'un lieu de travail à un autre.
Qu'il réalise des interventions directement sur le terrain, qu'il reçoive des patients ou des clients dans le strict cadre de son cabinet, ou encore qu'il soit un acteur intégré à une équipe pluridisciplinaire, le psychologue praticien possède un large panel d'expression de son activité.

Même pour un poste attribué en institution médico-sociale ou en entreprise, il existe une grande souplesse dans la définition exacte de son rôle et de ses fonctions. Par sa seule présence, le psychologue va pouvoir enrichir et approfondir le regard qu'une équipe porte sur son fonctionnement, et entraîner des modifications visant à plus de cohérence ou d'efficacité.
Lors de son exercice, un psychologue pourra ainsi constituer un facteur d'évolution et de changement, non seulement pour les bénéficiaires de son action, mais aussi pour ses collègues ou partenaires, au travers de la décentration que fournit son approche spécifique des phénomènes humains.

Les métiers de la psychologie se distribuent dans trois grands champs, comprenant eux-mêmes des professions très diverses. Ces trois champs principaux peuvent être distingués ainsi : **la santé ; le travail et le social ; l'enseignement et la formation**.
Nous aborderons leurs spécificités et leurs points de rapprochement dans les pages qui suivent, en présentant les différents lieux d'exercice de la psychologie et les possibilités de travail offertes par ceux-ci. Le cas particulier de l'exercice de la psychologie en libéral sera présenté à la suite de cet exposé.

Un chapitre introductif est consacré aux aspects éthiques et déontologiques du métier de psychologue, directement liés à son rôle de garant du respect de la personne humaine.

1. Ethique et déontologie

L'éthique et la déontologie font souvent l'objet d'enseignements spécifiques en psychologie, et ne doivent surtout pas être considérées comme accessoires.
Loin d'être des faire-valoir ou des éléments de bonne conscience, les règles déontologiques et les réflexions éthiques sont inhérentes à la pratique des métiers de la psychologie, et doivent dès lors être mobilisées à tous les niveaux de son exercice.
La différence entre éthique et déontologie est souvent peu claire dans l'esprit des étudiants, prêtant aisément le flanc aux amalgames et aux confusions. Il s'agit pourtant de deux approches disjointes, œuvrant chacune dans le sens d'un plus grand respect de la personne humaine, et dont la distinction doit être précisément intégrée pour qu'un recours efficace à chacune d'entre elles puisse se réaliser.

Le code de déontologie : un outil indissociable du titre de psychologue

Un code de déontologie professionnelle est diffusé aux étudiants en psychologie dès le début de leur cursus, et fait généralement l'objet de séances consacrées à sa discussion tout au long du parcours de formation.
Ce code est indissociable de l'exercice de la psychologie, et participe à la reconnaissance du statut de psychologue de façon presque aussi déterminante que la définition de son titre.

La déontologie constitue un code de morale professionnelle, fixant les limites et les obligations de l'exercice d'une activité. Il offre un cadre aux pratiques et aux interventions, et permet le partage d'un certain nombre de références par des professionnels d'une même discipline.
Le code de déontologie des psychologues participe ainsi à l'identité de ceux-ci, et apporte des garanties à toute personne amenée à les solliciter. Il doit être souvent consulté, dans toute activité de thérapie, d'évaluation ou de recherche. Le respect de règles déontologiques de base ne va pas forcément de soi, et il sera parfois nécessaire de s'entretenir avec des collègues expérimentés avant de décider d'une conduite à tenir.

Les aspects les plus délicats du code de déontologie des psychologues sont liés à trois points particuliers : le secret professionnel, le respect des obligations de la loi commune, et l'adaptation de l'exercice à la formation reçue.

Le secret professionnel est l'une des principales garanties qu'un psychologue apporte à son patient ou à son client, et celui-ci implique une confidentialité qui devra être aménagée en cas de comptes rendus à l'équipe ou à un tiers. Lors d'un retour oral ou écrit, concernant un test ou un entretien, le psychologue devra moduler les informations qu'il apporte en fonction des personnes concernées, et n'apporter que des éléments pertinents en veillant constamment au respect de la personne.

L'existence de ce secret professionnel rend problématiques certaines situations dans lesquelles la question de la non-assistance à personne en danger se présente. Dans le cadre d'une thérapie, ou de toute relation à caractère confidentiel qu'un psychologue peut être amené à développer auprès d'un individu, le secret professionnel peut ou doit être rompu si le contenu des entretiens révèle des éléments mettant en danger l'intégrité psychique ou physique de l'individu.
Les obligations de la loi commune priment sur celles du code de déontologie, mais la véritable difficulté résidera souvent dans l'appréciation du risque encouru par la personne ou par son entourage, une décision d'orientation ou de signalement étant toujours lourde de conséquences pour la relation thérapeutique.

L'un des aspects fondamentaux du code de déontologie des psychologues réside dans **l'adéquation des actions qu'il va mener avec la formation qu'il a reçue**. Beaucoup d'entreprises demandent à des praticiens d'exercer des fonctions qui ne sont pas les leurs, ou de développer des interventions pour lesquelles ils n'ont pas été formés.
Il faudra toujours demeurer vigilant, même lors d'un premier emploi lorsque l'on désire rapidement s'intégrer, à ne pas outrepasser sa fonction, en administrant par exemple des tests non reconnus et validés.

L'intégralité du code de déontologie des psychologues est présentée en annexe de cet ouvrage, et permet d'avoir une vision plus précise des droits et devoirs dans l'exercice de la psychologie. Il doit rester un texte vivant, utilisable et interrogeable au quotidien, qui sert de soutien et de légitimation à l'action du psychologue.

La place du questionnement éthique

L'éthique se distingue de la déontologie en ce qu'elle constitue une confrontation à un système de valeurs davantage qu'un code réglementant des conduites. Elle concerne les psychologues dans leur exercice à un titre plus personnel, en les conduisant à une interrogation sur leurs pratiques axées sur une réflexion d'ordre plus philosophique.

Un questionnement éthique au sein d'une pratique psychologique consiste ainsi à confronter les notions du bien et du mal, du possible et de l'impossible, tout en sachant qu'une réponse ne sera pas nécessairement trouvée.
Ce questionnement pourra s'incarner entre autres dans le cadre d'une recherche, sur les modalités de l'investigation que comportera celle-ci, ou dans le cadre d'une thérapie, sur la place que le professionnel se donne en fonction de la situation de la personne qui vient le consulter.
A titre d'exemple, un praticien conduisant une recherche dans le cadre d'abus sexuels sur des enfants peut décider d'inclure dans son investigation une série d'entretiens au cours desquels les enfants sont conduits à évoquer les abus qu'ils ont subis.
La prise en compte de l'éthique dans un tel cas consistera à s'interroger sur la nécessité de ces entretiens, et sur leurs conséquences. Le fait d'évoquer à nouveau des événements douloureux et souvent traumatiques aura-t-il un effet positif ou négatif ? Une telle recherche induit-elle un bénéfice pour ces enfants, et pour quelle raison éventuellement supérieure à leur bien-être doit-elle sinon se conduire ?
De telles questions ne trouveront pas toujours de réponses claires ou définitives, mais le simple fait de les poser accroît la rigueur de la démarche du psychologue et offre davantage de garanties du respect de la personne humaine.
En s'interrogeant sur ce qu'il étudie, et sur son rapport à une pathologie ou à une société humaine, le professionnel de la psychologie sera davantage conscient des raisons qui le condui-

sent à exercer son activité selon certaines modalités, et des éventuels présupposés qui sous-tendent celle-ci. Le questionnement éthique procède donc à la fois d'une démarche personnelle et collective.

2. La santé

Une grande majorité d'étudiants en psychologie se destine à travailler dans le champ de la santé. L'image du psychologue à l'hôpital, ou travaillant auprès d'enfants dans des centres d'action sociale, constitue le moteur de bien des vocations, et recouvre une réalité souvent très différente de celle envisagée.

Il est difficile de trouver un poste à temps plein dans le domaine de la santé, et les rémunérations y sont souvent assez modestes.
Les psychologues travaillant dans le secteur sanitaire et médico-social relèvent soit de la fonction publique hospitalière (FHP), soit d'un contrat privé, se référant à la convention collective nationale de travail des établissements et services pour personnes inadaptées et handicapées du 11 mars 1966, ou à celle des établissements privés d'hospitalisation, de soins, de cure et de garde à but non lucratif du 31 octobre 1951.
Pour un poste à temps plein, il est nécessaire d'effectuer 26 heures de présence effective dans la structure d'accueil, les 13 heures restantes pouvant être consacrées à des activités de formation, d'information, et de recherche (FIR).

Le recrutement dans le domaine de la santé se fait par concours et au travers de candidatures spontanées, ou répondant à des offres.
Les psychologues de la fonction hospitalière sont recrutés par un concours sur titre, comprenant un examen de dossier puis un entretien après la première admission.
Dans le secteur sanitaire et social, ce sont les responsables d'établissements qui embauchent directement les salariés.

Contacts :
- AP-HP. 3, avenue Victoria, 75004 Paris. Tél. : 01 40 27 30 00.
- Journal Officiel. 26, rue Desaix, 75015 Paris. Tél. : 01 40 58 75 00.

Le psychologue à l'hôpital

Quelques chiffres
La fonction publique hospitalière regroupe 1 063 établissements publics de santé, 350 établissements médico-sociaux publics et des maisons de retraite dans lesquels travaillent 5 795 psycholo-

gues, dont 3 557 titulaires. Les temps pleins ne représentent qu'environ la moitié de ces emplois.
Les établissements de santé privés sont au nombre de 3 123, et emploient 1 536 psychologues, la grande majorité travaillant à temps partiel.
On dénombre également 97 centres hospitaliers spécialisés en psychiatrie, employant 2 490 psychologues, pour la majorité titulaires et exerçant à temps plein, les temps partiels étant plus fréquents chez les contractuels.

Sur le terrain, les divergences sont grandes dans les conditions d'exercice de la profession de psychologue au sein d'un service hospitalier, son rôle dépendant largement de la volonté du chef de service où il est affecté. Le psychologue est également dépendant de l'établissement dans lequel il travaille.
Il faut s'attendre bien sûr à un exercice en équipe, au sein d'une pluridisciplinarité souvent enrichissante mais qui ne va pas sans créer des tensions. D'un service à un autre l'ambiance et les méthodes de travail peuvent changer du tout au tout.

Le psychologue peut donc tout aussi bien bénéficier d'une grande autonomie ou, rester au contraire limité à des tâches très techniques d'évaluation ou d'orientation.
Certains chefs de service aiment à choisir les psychologues de leur établissement, et préfèrent recruter sur contrat plutôt que d'ouvrir des postes au concours, ce qui leur laisse davantage d'autonomie et de souplesse.

Les psychologues exercent et sont recrutés dans différents secteurs hospitaliers, allant de la psychiatrie à la médecine générale, auprès d'une population couvrant tous les âges de l'enfance à la sénescence.

La psychiatrie

Les trois quarts des psychologues hospitaliers travaillent dans des instituts psychiatriques où ils s'occupent des malades mentaux.
Les équipes sont composées de psychiatres et d'infirmiers psychiatriques, ainsi qu'assez souvent de travailleurs médico-sociaux spécialisés, tels que les ergothérapeutes animant des ateliers ou les assistantes sociales orientant les patients vers des lieux de postcure ou des CAT (Centre d'aide par le travail).

Le psychologue y est amené à faire passer des tests d'évaluation, à conduire des entretiens, et parfois même à entreprendre des thérapies avec certains patients.
Comme à chaque occasion d'un travail en équipe, il est également amené à tenir un rôle institutionnel, en élaborant des actions visant à l'épanouissement de l'ensemble de la structure.

La médecine générale

On trouve des psychologues dans les services de médecine générale pour accompagner les patients confrontés à une maladie, à un accident, afin d'évaluer et de prévenir la dimension traumatique que peut recouvrir une atteinte dans leur corps.
Les services de cancérologie, les accidentés de la route, les grands brûlés, les diabétiques, ou toute autre personne atteinte dans son intégrité physique, peuvent se voir proposer la visite du psychologue du service, qui aura le plus souvent une fonction d'évaluation et de soutien.
D'autres services, comme la maternité, ne sont pas directement confrontés à la même notion de maladie ou de traumatisme, et permettent des prises en charge également très spécifiques.

L'enfance

Les hôpitaux pour enfants emploient des psychologues afin d'accompagner l'enfant et sa famille, quelle que soit la gravité de son trouble, de veiller au respect des besoins liés à son immaturité, et de limiter les conséquences néfastes de la séparation.
C'est un travail bien spécifique dans lequel l'enfant malade et sa famille constituent deux interlocuteurs privilégiés mais très différents, indissociables mais pourtant distincts. Il faudra donc travailler sur plusieurs registres en même temps et assurer une bonne communication.

La gériatrie

Les services de gérontologie recrutent des psychologues afin d'accompagner les personnes âgées et leur famille lors d'hospitalisations de courte ou de longue durée, de consultations neurologiques ou d'entrée et de suivi en maison de retraite.
Qu'il s'agisse d'une évolution « normale » de la sénescence, ou de troubles pathologiques comme les démences séniles, les psychologues ont pour objectif de veiller au respect de la personne, à

l'évaluation et à la promotion de ses compétences cognitives (mémoire, raisonnement...).

Les soins palliatifs

Les soins palliatifs concernent tout malade en phase terminale, d'un cancer ou du sida par exemple, dont la mort très prochaine apparaît comme inéluctable.
Au sein d'une équipe centrée sur le respect du patient et le soulagement de sa douleur, il s'agit là encore de travailler à la fois auprès des malades et des familles, autour de la difficile acceptation de la disparition.

La protection de l'enfance

Beaucoup de psychologues sont attirés par le travail auprès des enfants, dans des missions de prévention, de prises en charge ou d'orientation.
L'exercice auprès des tout-petits s'effectuera davantage au travers de postes en PMI et en crèches, tandis que d'autres services, tels l'ASE (Aide sociale à l'enfance) et les établissements d'éducation spéciale, concerneront un public d'enfants plus âgés et de jeunes adolescents.
Les lois sur la décentralisation ont redéfini les rôles entre l'Etat et les collectivités locales. Dans le domaine de l'action sanitaire et sociale, le département, sous l'autorité du président du conseil général, organise notamment l'aide sociale à l'enfance et la protection maternelle et infantile.

Les centres de Protection maternelle et infantile (PMI)

Les centres de PMI sont financés par les collectivités territoriales ou par des structures privées comme la Croix-Rouge. Leur mission est principalement l'encadrement de la mère et de l'enfant, dans un but de prévention et d'orientation précoce.
Cet accompagnement, centré sur la périnatalité mais pouvant concerner l'enfant jusqu'à son adolescence, comporte des consultations médicales pré et post-natales, des consultations infantiles, et diverses aides médicales adaptées.

C'est souvent une puéricultrice qui dirige un centre de PMI, associée à un médecin pédiatre et une secrétaire médicale. Psychologues, sages-femmes, et assistantes sociales interviennent également sur ce lieu, de façon ponctuelle ou régulière.
Les puéricultrices et les médecins y ont un rôle de prévention et d'éducation, en assurant un suivi médical et en apportant des conseils concernant l'hygiène, l'alimentation, et le développement de l'enfant.

Les psychologues y ont pour charge de détecter les troubles précoces chez l'enfant, au moyen d'une observation clinique pouvant par exemple se mener de façon informelle lors des accueils.
Ils peuvent également être amenés à assurer des consultations psychologiques auprès de certaines familles, ou de certaines dyades mère/enfant en difficulté. Ils travaillent toujours dans une étroite interaction avec l'ensemble de l'équipe.

Les crèches

Ce sont les PMI qui assurent la formation du personnel employé dans les crèches, principalement des auxiliaires de puériculture, ainsi que le contrôle médical et financier de ces structures.
Ce sont des lieux d'accueil journalier d'enfants de moins de trois ans, auxquels l'équipe prodigue tous les soins essentiels et propose également des activités d'éveil et de jeux.

On y emploie des éducateurs spécialisés de jeunes enfants à temps plein. En revanche, les psychologues, lorsqu'ils sont présents, se voient octroyer des temps de présence très courts qui permettent difficilement de mener une action approfondie auprès des enfants.
Présents une ou deux demi-journées par semaine, ils auront surtout un rôle institutionnel, de reformulation et d'accompagnement du vécu de l'équipe confrontée chaque jour aux enfants, qui se révèle souvent douloureux dans la gestion des conflits, de la colère ou de l'inadaptation d'un enfant.
Ils pourront aussi être amenés à rencontrer les parents qui en auront fait la demande, et jouer un rôle dans l'orientation de certains enfants vers des structures adaptées.

Certains psychologues ayant choisi d'exercer en crèche cumulent plusieurs emplois dans différentes structures d'accueil des tout-petits, ce qui demande une bonne organisation mais possède une grande richesse au travers de la confrontation à différents lieux visant un même objectif.

L'Aide sociale à l'enfance (ASE)

Chaque conseil général organise comme il le désire le service d'ASE dont il a la charge. Le plus souvent, l'ASE est structurée en circonscriptions rassemblant une ou plusieurs communes.
Sa mission est la protection des enfants et des adolescents en danger dans leur famille, et elle mène à ce titre différents types d'action. Sa première mission d'évaluation lui permet de repérer les troubles et les éventuelles souffrances au sein des familles, puis elle peut être amenée à prendre des décisions de placement et assurera également le suivi des enfants placés.

L'équipe de circonscription est principalement composée d'éducateurs spécialisés et de psychologues, qui interviendront aussi bien au niveau de la protection de l'enfant que de la médiation avec les familles. Il s'agit donc d'une tâche complexe, et d'un travail d'une grande importance, mais souvent très impopulaire et parfois vécu comme assez peu gratifiant.

La confrontation à la maltraitance implique une bonne formation aux conséquences qu'elle entraîne dans le psychisme d'un jeune enfant (doute, ambivalence, identification à l'agresseur), et la cohésion de l'équipe sera souvent déterminante pour que de telles interventions demeurent efficaces et soient vécues positivement.

L'évaluation
L'équipe de circonscription se déplace lorsqu'un enfant a fait l'objet d'un signalement. Les signalements d'enfance en danger émanent de tous les professionnels au contact de l'enfant – instituteur, assistante sociale, psychologue... – mais peuvent également avoir été initiés par un membre de la famille, un voisin, ou tout autre citoyen majeur.
Les obligations de la loi commune contraignent toute personne ayant connaissance de faits mettant en danger l'intégrité physique ou psychique d'un individu (*a fortiori* d'un enfant) de les signaler, sous peine d'être poursuivie pour non-assistance à personne en danger.
Pour un médecin ou un psychologue, cela posera parfois des dilemmes en raison du secret professionnel qui recouvre la plupart

de leurs entretiens. Il faudra prendre conseil auprès de collègues, et passer outre les codes de déontologie professionnels si l'enfant apparaît en réel danger.

L'équipe de circonscription, alertée par un signalement, se rendra sur le lieu de celui-ci et rencontrera la personne ayant donné l'alerte, l'enfant concerné, ainsi que la famille. De cette évaluation, découlera ou non la décision de placement.

Le placement

Si les difficultés signalées apparaissent confirmées, avec un danger avéré pour l'enfant, l'enfant peut être retiré de son milieu familial et placé. L'équipe de circonscription tente auparavant de parvenir à des accords avec la famille et les partenaires médico-sociaux, afin d'éviter ce placement ou d'en définir aussi précisément que possible les modalités.

Une fois le placement décidé, le psychologue rencontre les parents pour parler avec eux de cette décision de séparation, éclairer les dangers encourus par l'enfant, et les accompagner dans leur propre vécu.

L'équipe de circonscription de l'ASE a pour fonction de confirmer l'existence d'un danger, d'émettre un avis positif vis-à-vis d'une mesure de placement si celle-ci leur semble nécessaire, mais la décision de placement en elle-même ne peut émaner que d'un inspecteur de l'aide sociale à l'enfance, ou d'un juge pour enfant.

Le suivi des enfants placés

Il existe une alternative au retrait de l'enfant de sa famille : la mesure d'AEMO, Aide éducative en milieu ouvert. Lorsque la situation ne possède pas un trop grand caractère d'urgence ou de gravité, et lorsqu'un accord pour une action sociale au sein du domicile familial est donné par les parents, l'enfant peut demeurer dans sa famille, où il sera suivi par un éducateur ou un psychologue.

Le psychologue interviendra dès lors au domicile de l'enfant, dans une action éducative et évaluative. Il agira toujours dans le cadre des décisions d'équipe et rendra compte régulièrement de l'évolution de la situation dont il a la charge.

Dans le cas où l'enfant est retiré de son milieu familial, plusieurs formes de placements extérieurs sont envisageables :

• l'enfant peut être placé pour une durée déterminée ou indéterminée au sein d'une famille d'accueil, qui a été préalablement recrutée par le conseil général. Le psychologue participe alors à la décision d'agrément de la famille d'accueil, et assure le suivi de l'enfant qui lui a été confié.
Le psychologue est amené à suivre l'enfant, à travers son vécu de séparation, la famille d'accueil assumant sa fonction de « nouveaux parents », ainsi que la famille naturelle tout au long de la mesure de placement.
• il peut également être placé dans un foyer de l'ASE, selon son âge un foyer de l'enfance ou une pouponnière. Les psychologues travaillant au sein de ces structures dépendent alors de la fonction publique hospitalière, et assurent en équipe le suivi des enfants placés.

Les handicaps

Diverses structures sont également adaptées à l'accueil des populations handicapées. Les handicaps affectant les individus qui y sont orientés peuvent être physiques ou mentaux, parfois les deux, et nécessitent des prises en charge spécialisées.
Ces centres sont spécifiquement organisés en fonction de l'âge des personnes, qu'il s'agisse d'enfants, d'adolescents, ou d'adultes ; et en fonction de la nature des troubles qui rend nécessaire leur encadrement.

L'accompagnement d'adultes handicapés

En dehors des hôpitaux psychiatriques de jour, les centres d'insertion vers lesquels les adultes handicapés se trouvent le plus souvent orientés sont les CAT (Centres d'aide par le travail).
Ils sont conçus pour tous les adultes handicapés qui n'ont pas la possibilité de s'insérer dans la vie active. Toutes formes de handicaps, souvent lourds, pourront y être prises en charge.

Cette réinsertion par le travail se fait en centre fermé, au travers d'une intégration en internat ou en externat, ou en atelier protégé « hors les murs », au travers d'une activité en entreprise sous la supervision d'un moniteur du centre.
Les tâches demandées sont souvent simples, sans objectif de rentabilité, et c'est davantage l'occupation et l'épanouissement du sujet qui est visé.

L'adulte handicapé travaillant en CAT (dans, ou hors les murs) perçoit un salaire en rapport avec son activité, financé en grande partie grâce aux subventions de l'Etat. Une entreprise accueillant un adulte handicapé dans le cadre d'un CAT « hors les murs » se voit ainsi attribuer des sommes couvrant près de 95 % des frais salariaux pour ce nouvel employé.

Les personnes souffrant de troubles psychiatriques, comme la schizophrénie, sont une indication fréquente en CAT, mais également les individus affectés de troubles mentaux d'origine génétique ou neurologique, ou de troubles physiques partiellement invalidants.
Une orientation COTOREP est nécessaire pour obtenir une place en CAT, celle-ci étant responsable de l'attribution d'une reconnaissance de travailleur handicapé.

Des psychologues peuvent être engagés dans ces structures pour accompagner la réinsertion des personnes et leur quotidien au centre. De nombreux éducateurs spécialisés travaillent en CAT, et sont amenés à y passer des nuits ou des week-ends dans le cadre de l'internat.

Le handicap chez l'enfant et l'adolescent

Plusieurs centres accueillent les enfants et les adolescents rencontrant des difficultés plus ou moins lourdes d'adaptation. Ceux-ci sont le plus souvent spécialisés dans la prise en charge des troubles psychiques mais aussi neurologiques, et peuvent donc assurer conjointement des suivis psychologiques et médicaux.

Beaucoup de structures accueillent à la fois des enfants et des adolescents, comme les Centres médico-psycho-pédagogiques (CMPP) ; tandis que certains établissements sont plus précisément destinés aux enfants, comme les centres d'action médico-sociale et les Instituts médico-pédagogiques (IMP), ou aux adolescents, comme les Instituts médico-professionnels (IMPRO).

Les Centres médico-psycho-pédagogiques (CMPP)

Les CMPP reçoivent des enfants et des adolescents venus consulter pour des raisons diverses, très souvent liées à leur vie scolaire et familiale.
On en dénombre environ 550, qui accueillent chaque année plus de 100 000 personnes en consultation.

Les psychologues représentent 30 % des effectifs salariés dans ces structures, et y effectuent un travail le plus souvent d'inspiration analytique. Ils peuvent réaliser des psychothérapies avec des enfants et leurs parents, avec des adolescents, proposer des psychodrames à ces derniers, voire même organiser des consultations familiales.

Les centres d'action médico-sociale
Ils exercent une action spécifique au niveau du traitement du handicap physique. Ils ne reçoivent que de jeunes enfants, de moins de 6 ans, souffrant d'un handicap sensoriel et moteur.

On dénombre environ 200 centres de ce type en France ; ils suivent 14 000 jeunes enfants. Les psychologues seront amenés à y tenir un rôle plus réduit que dans les CMPP, recevant les parents et participant à des réunions d'équipe le plus souvent.

Les Instituts médico-éducatifs (IME)
Ils accueillent des enfants et des adolescents âgés de 3 à 20 ans, souffrant principalement de déficience intellectuelle et de polyhandicaps.
Les Instituts médico-pédagogiques (IMP) sont destinés aux plus jeunes, de 3 à 14 ans, tandis que les Instituts médico-professionnels (IMPRO) s'adressent aux adolescents et aux jeunes adultes.

On dénombre environ 2 000 instituts médico-éducatifs en France, accueillant plus de 115 000 jeunes.

L'intervention en milieu judiciaire

Les psychologues sont recrutés dans le milieu judiciaire pour y exercer des missions d'évaluation et d'accompagnement des personnes, adultes, enfants, adolescents, à différents niveaux de leur confrontation avec l'appareil juridique.

Une formation complémentaire leur sera souvent demandée pour exercer certaines fonctions, la connaissance du droit et de ses applications étant la plupart du temps indissociable de la prise en charge psychologique.

La protection judiciaire de la jeunesse

Le ministère de la Défense recrute sur concours des psychologues dans le cadre de la Protection judiciaire de la jeunesse (PJJ), qui a pris le relais en 1990 de l'ancienne Education surveillée.
Ceux-ci sont amenés à travailler dans des services et établissements placés sous l'autorité administrative d'un directeur, qui définit les limites de leur action, laquelle sera toujours conduite au sein d'une équipe pluridisciplinaire.

Les psychologues recrutés dans un tel cadre seront confrontés à des enfants et des adolescents sous le coup d'une mesure judiciaire, visant à leur protection ou à celle d'autrui.
Ils pourront intervenir par exemple auprès de jeunes délinquants, ou d'enfants en danger, à la suite d'une ordonnance du juge des enfants. Ils réaliseront un accompagnement psychique, et s'emploieront à promouvoir l'autonomie des mineurs et jeunes majeurs confiés par l'autorité judiciaire aux établissements et services du secteur public de la Protection judiciaire de la jeunesse.

Le concours de recrutement, ouvert à tous les psychologues titulaires du titre, est très spécialisé sur le plan de la psychopathologie de l'enfant et de l'adolescent, et comporte également des épreuves nécessitant une certaine connaissance des mesures d'intervention et d'évaluation judiciaire et sociale, mais ne réclame pas une connaissance particulière du droit.
Les statistiques de ce concours sont malheureusement très faibles, avec par exemple 5 postes attribués pour 322 candidats en 1999 !
Il arrive même, certaines années, qu'aucun poste ne soit proposé en concours externe.
Il existe actuellement environ 200 titulaires à ces postes, ainsi qu'une centaine de vacataires.
On trouve également des psychologues (une soixantaine environ) exerçant dans l'administration pénitentiaire.

Le psychologue expert
Une solide expérience professionnelle est recommandée pour pratiquer l'expertise judiciaire. Un expert éclaire la justice en fonction de ses compétences dans un domaine précis, livre des évaluations, et doit posséder une maîtrise suffisante des termes et rouages juridiques.

On dénombre environ 350 psychologues exerçant en France l'expertise judiciaire, et leur recrutement ne s'adresse donc pas aux débutants. Outre un bagage professionnel témoignant de l'approfondissement d'une certaine pratique clinique, des formations complémentaires seront nécessaires au professionnel désireux d'étendre ses compétences jusqu'au cadre judiciaire.

La criminologie

La criminologie attire beaucoup d'étudiants dès le début de leur cursus, en proposant une approche spécifique de certains phénomènes psychopathologiques.
L'étude du comportement criminel, de la psychopathie et de la sociopathie, en relation avec différents ordres de troubles psychiques, est possible en cours de cursus de psychologie, à travers des DU de criminologie à suivre en parallèle de la licence, de la maîtrise ou du DESS.

Une formation spécialisée en criminologie peut par exemple permettre à des psychologues de mener des évaluations auprès d'individus ayant enfreint la loi et dont la responsabilité, au vu de certains troubles mentaux, doit être déterminée afin de décider une orientation psychiatrique ou judiciaire.
L'infirmerie spéciale de la préfecture de Paris reçoit ainsi les personnes manifestant des comportements mettant en danger leur sécurité ou celle d'autrui, et dont l'attitude évoque des troubles d'ordre psychopathologique.

La victimologie

La victimologie constitue une spécialité en plein développement dans la société actuelle. Il s'agit de promouvoir une approche spécifique de l'accueil et de l'aide aux victimes. La formation, proposée dans le cadre de DU, comporte à la fois un enseignement clinique et juridique.

La population concernée par cette approche est vaste, de l'accompagnement d'un traumatisme collectif (attentat, catastrophe naturelle...), à celui d'un traumatisme individuel (abus sexuel, agression...).

Il s'agit d'évaluer les conséquences psychiques et physiques de l'événement dont la personne a été victime, de réaliser éventuellement une psychothérapie visant à l'expression et à la résolution de troubles comportementaux ou affectifs consécutifs à l'événement, et d'accompagner les démarches juridiques de réparation engagées par la victime.

3. Le travail et le social

Le champ du travail et du social constitue l'alternative la plus importante, en termes de formation et de débouchés, à celui de la santé pour l'exercice du métier de psychologue.
Bien des étudiants feront dès la licence ce choix de cœur ou de raison, et seront appelés à remplir des missions très diverses au sein des entreprises comme auprès des individus. La psychologie du travail possède des approches théoriques et des outils spécifiques qui rendront nécessaire une spécialisation dès le deuxième cycle universitaire.

Dans la conjoncture actuelle, la psychologie du travail offre bien davantage de débouchés que la psychopathologie clinique, et pour des salaires généralement plus élevés.

La rentabilité va entrer de façon plus déterminante dans les objectifs de l'activité du psychologue exerçant dans le champ du travail, qu'il doive réaliser des bilans de compétences, assurer un recrutement pour une entreprise, ou se faire le coach d'un homme d'affaires ou d'un artiste.
Il s'agit pourtant d'une activité dont l'approche clinique n'est pas nécessairement exclue, et qui peut s'exercer en cabinet privé, et sous la forme de prises en charge à long terme.

Le psychologue du travail, ou exerçant une activité liée à la médiation sociale, agit souvent au sein d'une équipe, ou au milieu d'autres professionnels, qui seront ses patrons, ses collègues ou ses clients.
Son activité sera dépendante des règles de la société dans laquelle il vit, et il devra acquérir à la fois une bonne connaissance des règles sociales et des besoins humains, pour en rendre possible une bonne intégration permettant l'adaptation et l'efficacité.

Qu'est-ce qu'un psychologue du travail ?

La présence des psychologues du travail dans les métiers du recrutement, de la formation et de l'insertion professionnelle ne surprend plus personne, mais rares sont ceux qui affichent clairement cette compétence.

En effet, les entreprises embauchent la plupart du temps des psychologues en tant que consultant ou conseiller en ressources humaines, et ne leur accordent donc pas le titre de psychologue dans leur contrat.
Le psychologue désirant s'épanouir en entreprise devra donc dépasser ces problèmes d'identité, d'autant qu'en « niant » le titre, la structure qui l'embauche se libère souvent du même coup de sa déontologie.
Rattaché à la convention de leur lieu d'exercice, leur titre pourra être accolé à une fonction : « psychologue chargé de mission », ou « psychologue formateur » ; mais également demeurer complètement implicite : « responsable de formation », « conseiller emploi », « consultant », ou encore « chargé de bilan ».

Les psychologues du travail exercent traditionnellement dans les domaines de la sélection et de l'orientation professionnelles, de la formation et du conseil, ainsi que dans les centres de bilans de compétences.
Néanmoins, les psychologues exerçant ces fonctions à la suite d'un cursus de psychologie du travail se trouvent actuellement de plus en plus concurrencés par des psychologues cliniciens, choisissant de prendre en compte les problèmes personnels des salariés aux côtés de leurs difficultés professionnelles.
Cette approche moins clivée permet des initiatives très intéressantes, pourvu que l'entreprise s'y prête, de développement et d'épanouissement d'une structure au travers du bien-être de ses membres.

Le Syndicat national des psychologues (SNP) évalue le nombre de psychologues du travail à environ 5 000, chiffre très imprécis et sans doute sous-évalué, précisément puisque les psychologues recrutés le sont souvent derrière d'autres intitulés.
C'est l'AFPA (Association nationale pour la formation professionnelle des adultes) qui est le plus grand employeur de psychologues du travail avec 600 professionnels en activité.

Les salaires accordés aux psychologues du travail sont bien plus conséquents que ceux réservés aux cliniciens exerçant dans le domaine de la santé. En début de carrière, les rémunérations mensuelles s'échelonnent à peu près entre 1 400 et 2 300 euros, suivant les fonctions et les qualifications.

En fin de carrière, cette rémunération peut atteindre 4 500 à 5 000 euros. Les psychologues travaillant en free-lance dans le cadre de missions pour des entreprises perçoivent, quant à eux, une rémunération comprise entre 500 et 1 200 euros hors taxes pour une journée de travail.

Les psychologues du travail exercent dans le secteur public pour près de la moitié d'entre eux (2 500 personnes employées), un quart exerce dans le privé (environ 1 200 personnes, mais il est très difficile d'évaluer ce chiffre), et un autre quart pratique en libéral (1 200 professionnels).

Différents outils sont nécessaires au psychologue du travail selon les fonctions qu'il sera amené à exercer :

• Dans le cadre du recrutement : il aura recours aux entretiens bien sûr, mais aussi à l'emploi de différents tests d'évaluation, visant à cerner les aptitudes et la personnalité du candidat à recruter.
• Pour aider à la mise en place d'un programme de formation : il dispose d'outils dérivés de théories auxquelles il recourt selon la spécificité des tâches rencontrées, parmi lesquelles l'apprentissage, la représentation sociale, la psychologie sociale cognitive, la psychologie sociale de la communication, ou la résolution de problèmes.
• Pour œuvrer dans le développement social : il utilise les diverses théories et techniques issues de la psychologie des organisations et de sa connaissance des modalités des relations humaines. Il a également recours aux divers outils du bilan de compétence.

Les tâches du psychologue du travail vont en s'enrichissant, autrefois confinées à l'analyse des postes de travail, à la sélection et à l'orientation, elles s'étendent à présent à toute une adaptation du système socio-technique à l'homme, au travers d'actions de suivi, d'aide, de formation et de régulation.

A l'heure actuelle, les principales actions d'un psychologue du travail visent à la fois au maintien des thèmes traditionnels de la psychologie appliquée à l'industrie, c'est-à-dire l'adaptation de l'homme à son poste de travail et à son environnement psychosocial ; mais également à la transformation de ces thèmes par leur approfondissement, ainsi qu'à l'émergence de nouveaux thèmes, au travers par exemple de l'évaluation de l'identité d'une organisation, ou d'un projet d'entreprise.

Le psychologue dans l'entreprise

Les entreprises recrutent des psychologues essentiellement dans le secteur des ressources humaines, afin de faciliter les relations entre la direction et les salariés et de concourir à une meilleure cohérence et à une plus grande efficacité dans le fonctionnement de leur institution, en effectuant différentes tâches d'évaluation et de traitement des difficultés.

Il s'agit donc d'un exercice de la psychologie axé sur l'efficacité et sur la rentabilité, aux antipodes d'une certaine conception de la psychologie clinique. Pour ceux qui s'y engageront par raison, afin d'obtenir davantage de stabilité et un meilleur salaire (voire tout simplement un emploi, ce secteur recrutant plus que celui de la santé), la déconvenue risque d'être importante.

En entreprise, les psychologues portent rarement leur titre et exercent une activité derrière d'autres fonctions, remplissant parfois des missions éloignées de leurs motivations initiales.

Les principales missions de la psychologie du travail sont les suivantes :
- l'analyse du travail ;
- la sélection du candidat ;
- l'orientation professionnelle ;
- la psychosociologie des organisations.

Des psychologues exerceront également ce type de missions en tant que consultants pour des prestataires extérieurs, tels que les cabinets de conseil ou de recrutement, qui se sont beaucoup développés ces dernières décennies.

Même s'il s'agit d'un exercice de la psychologie souvent éloigné de celui qui avait motivé le cursus, le travail en entreprise recèle de nombreuses richesses, et offre des possibilités d'évolution dans la carrière et d'innovation dans les pratiques plus larges que partout ailleurs.

Consultant en ressources humaines

Il exerce le plus souvent au sein de cabinets conseils, avec une certaine obligation de résultats, et dans un environnement fortement concurrentiel. Il doit à la fois satisfaire les entreprises clientes, mais également constamment démarcher afin de développer et de remporter d'autres marchés.
Certains cabinets élaborent leurs interventions par secteurs d'activités (banques, industries, services...), par clientèle (entreprises publiques, associations, PME/PMI...), ou par spécialisation, d'où leurs noms : « conseil en recrutement », « communication », « formation », « relations humaines », « carrières », etc.

De nombreux cabinets conseils en recrutement se sont ainsi spécialisés dans des secteurs porteurs tels que l'informatique et le high-tech. En outre, beaucoup ont été obligés ces dernières décennies de diversifier leurs prestations vers le bilan, le conseil en organisation, le coaching, ou la formation au management et à la communication.
Les psychologues ne représentent plus qu'un tiers des effectifs au sein de ces cabinets conseils, principalement en raison de la concurrence d'autres diplômés plus au fait des réalités économiques.

Le psychologue consultant répond souvent à un cahier des charges où sont précisées les actions qu'il doit réaliser, telles que la conduite d'une analyse ou la production d'un rapport d'étude. Il peut intervenir par exemple dans le cadre d'un audit social, d'une sélection de cadres en recrutement, ou de procédures de formation, et développer des propositions et/ou des actions spécifiques afin de faciliter et d'optimiser ces interventions.
Dans les cabinets conseils spécialisés en ressources humaines, il est également possible de faire appel aux compétences des psychologues pour des missions concernant les organisations, la gestion prévisionnelle des emplois ou l'ingénierie de formation.

Le psychologue ne se contente plus de recevoir en entretien des candidats potentiels et de les évaluer grâce à des tests, mais doit assurer des missions d'un bout à l'autre de la chaîne, y compris au niveau de la relation client.
Il lui faudra donc non seulement être capable d'intégrer à sa pratique cette dimension commerciale, mais aussi se plier à une logique omniprésente de rentabilité, ce qui peut ne pas convenir à tous.

Les psychologues consultants interviennent aussi fréquemment dans le domaine de la formation. Leurs connaissances de la psychologie de l'individu, du fonctionnement des groupes et de la psychosociologie des organisations pourront leur être fort utiles.
Ils seront sollicités pour l'animation de formations au management auprès de jeunes recrues ou de salariés promus à l'encadrement d'équipes. Ils pourront dispenser des formations à la communication, des formations à la gestion du temps, du stress ou des conflits.
Les psychologues interviennent aussi auprès des personnels des entreprises qui se trouvent en contact avec la clientèle, afin d'en développer le sens commercial au travers d'une analyse des pratiques.

Le bon profil
Pour convenir à un tel poste, il vous sera nécessaire d'acquérir une double formation : psychologique d'une part, avec une connaissance du fonctionnement psychique et des relations humaines ; technique et commerciale d'autre part, avec une bonne maîtrise des outils d'évaluation et une connaissance de l'entreprise impliquant l'intégration de ses rouages et objectifs.
La pluridisciplinarité et la polyvalence d'un consultant constituent ses atouts majeurs dans un contexte assez sélectif. Le minimum requis est une formation universitaire de second cycle dans l'un des domaines suivants : gestion des entreprises, sociologie, sciences politiques, psychosociologie, économie, finance ou marketing. Cette liste n'est pas exhaustive et les étudiants cumulant divers parcours verront s'accroître leurs chances d'être embauchés.

Chargé de recrutement

Les psychologues peuvent exercer cette fonction au sein d'un cabinet indépendant de recrutement, ou directement dans une entreprise, dans un service de ressources humaines.
Le recrutement constitue l'un des grands moments de la gestion des ressources humaines à laquelle s'attache la psychologie du travail. Un psychologue chargé de recrutement doit trouver la meilleure adéquation possible entre un candidat et un poste. Il doit tenir compte à la fois des possibilités d'épanouissement intellectuel du candidat dans sa future fonction, et de l'efficience maximale pouvant être donnée au poste proposé par l'entreprise dans laquelle il travaille.

Il s'agit donc d'une profession exigeant une grande rigueur morale et déontologique, visant au respect constant de l'individu, et avec un souci permanent de non-discrimination.
Le psychologue devra faire preuve de souplesse et d'adaptation, et ses capacités d'écoute et d'analyse seront beaucoup mobilisées dans un tel exercice. Il devra se montrer garant des intérêts de l'entreprise comme du candidat, et opérer ainsi à la fois dans une optique individuelle et organisationnelle.

Pour parvenir à une telle optimisation de ses compétences, le psychologue chargé de recrutement pourra avoir recours à différents outils.
Il fera notamment appel à des méthodes d'analyse, comme les tests, les jeux de rôles, les mises en situation, les entretiens individuels ou de groupe. Des problèmes d'ordres éthique et déontologique peuvent se poser lors de ces évaluations, surtout sur le plan des instruments utilisés, ceux-ci n'étant pas toujours d'une validité contrôlée.

En effet, même si le titre de psychologue est actuellement reconnu et protégé, la loi n'impose pas aux employeurs utilisant des tests, le recrutement obligatoire de psychologues formés à leur utilisation et à leur interprétation.
De surcroît, une entreprise peut demander à un psychologue chargé de recrutement d'administrer de « faux test », non reconnus et validés, et constituant donc une grave entorse au respect du candidat.
Le Syndicat national des psychologues s'est déjà élevé contre ces pratiques, mais celles-ci demeurent malheureusement courantes.

Les psychologues chargés du recrutement auront souvent des difficultés à faire valoir leur savoir et leur formation comme nécessaires et suffisantes à la détermination d'une embauche. Ils seront confrontés au phénomène de mode grandissant constitué par l'attirance actuelle pour l'irrationnel. Le système médiatique français légitime, vis-à-vis de l'opinion publique, le recours à des « pseudosciences », sans fondement rigoureux, et qui sont pourtant mobilisées dans des tâches aussi importantes que l'évaluation et la sélection.
On rencontre ainsi, au fil des entretiens d'embauche, des épreuves faisant appel à la graphologie, à la numérologie ou à l'astrologie. Certaines épreuves se montrent déstabilisantes, ou très intrusives,

voire tout simplement insultantes. La fonction du psychologue au sein d'une tâche de recrutement se trouve ainsi menacée.

Le psychologue intervient généralement lors des premières étapes de la sélection, afin de porter un jugement sur l'adéquation entre le candidat et le poste proposé. Il peut néanmoins intervenir lors des phases ultérieures de la sélection, de façon déterminante ou sous la forme d'une simple consultation.

A la suite des juristes des anciens services du personnel, les psychologues ont connu leur heure de gloire au sein des services de ressources humaines. Ils se trouvent actuellement fortement concurrencés par les diplômés des grandes écoles de commerce et d'ingénieurs, recevant très souvent au cours de leur cursus une formation au management et à la gestion des ressources humaines.

Les psychologues recrutés dans des services psychotechniques devront plus qu'ailleurs maîtriser les outils statistiques et informatiques (la SNCF et la RATP ont par exemple élaboré leurs propres tests et outils d'évaluation en fonction de leurs besoins).

Responsable de la gestion des carrières

Dans un marché en pleine mutation, il est devenu incontournable pour un individu recruté au sein d'une entreprise de piloter sa carrière avec intelligence afin de manifester la meilleure adaptation possible.

Bien des nécessités se font jour pour qui veut réussir, de l'anticipation des nouvelles technologies à l'importance de la mobilité, nationale ou internationale. Le succès d'une carrière va ainsi reposer sur une succession de choix pertinents, et donc sur une bonne connaissance de soi, de ses habiletés personnelles et de ses potentialités.

On devine dès lors le rôle important que peut jouer ici le psychologue. Il va pouvoir aider l'individu à analyser avec réalisme ses perspectives d'avenir, et le valoriser en lui permettant de développer ses compétences.
Son rôle au sein d'une entreprise sera ainsi de promouvoir les talents, de développer l'expertise, la flexibilité des postes et le partage des connaissances, tout en s'assurant que chacun des postes de l'entreprise est occupé par la personne la plus apte.

La démarche d'un psychologue responsable de la gestion des carrières doit donc être à la fois structurée, rigoureuse et humaine. Un tel professionnel possède des outils de repérage des compétences et intervient à la fois en matière d'aide à la décision et de conseil sur les carrières, et au développement des compétences identifiées.

Le rôle du psychologue sera primordial lors des changements de postes dus à des restructurations, changements souvent difficiles et douloureux lorsqu'ils n'avaient pas été souhaités par les personnes concernées. Il réalise alors un travail beaucoup plus clinique, au travers d'un accompagnement social et psychologique, et d'une assistance à la reconversion.

LE RÔLE DU PSYCHOLOGUE DANS LA RECONVERSION DES SALARIÉS

Un psychosociologue en free-lance livre l'analyse suivante : « *Le concept de transfert de compétences est ici fortement impliqué et ne doit pas rester théorique, quand il est souvent plus facile de recruter à l'extérieur des profils directement opérationnels. Il s'agit davantage ici de suivre les carrières en interne, de repérer les personnes pouvant évoluer, d'évaluer leurs atouts, les points plus faibles, et ensuite les possibilités de les adapter à un nouveau poste grâce à une formation complémentaire.* »

Coach

Très à la mode ces dernières années, le « coaching » correspond à la conception, partagée par un nombre grandissant d'employeurs, que l'épanouissement des membres de leur entreprise contribue à renforcer leur efficacité.

Le « coaching » est un accompagnement des cadres et des dirigeants dans l'atteinte de leurs objectifs, et plus largement dans la réussite de leurs évolutions personnelle et professionnelle. Il offre ainsi une possibilité de développement et de performance du capital humain.
Ce travail repose sur un partenariat visant l'analyse des ressources et défaillances d'un individu, afin d'accroître les premières et de résoudre les secondes.

Le psychologue y incarne alors un professionnel du changement, offrant un regard extérieur et neutre dans sa collaboration avec un individu ou une équipe exerçant dans une entreprise. Il est un acteur de la progression et de l'accès à une plus grande autonomie, en dynamisant les individus qui retrouvent davantage de confiance en eux.

Cette aide est souvent précieuse aux managers, qui peuvent ainsi s'arrêter un instant sur leurs stratégies, comprendre les raisons de leur stress et de leur démotivation, échanger autour d'un vécu personnel, comme celui de la solitude qu'implique la position de pouvoir.
Le coach articulera d'abord sa mission autour du questionnement de son client, et c'est de la qualité de ce questionnement que découlera la découverte des solutions possibles par le client. Il s'agit donc d'un poste dans lequel les psychologues pourront mettre en œuvre leurs capacités d'écoute, de reformulation et d'analyse.

Une solide formation concernant la gestion des entreprises sera nécessaire au psychologue souhaitant devenir coach, ainsi qu'une maturité lui permettant d'appréhender des difficultés individuelles et d'anticiper les conséquences de ses interventions. Un coach doit également bien se connaître, savoir gérer et même exploiter les conflits, avoir confiance en lui et savoir s'affirmer tout en maîtrisant parfaitement son agressivité.

▶ **Contact :** Société française de coaching. 10, rue de Presbourg, 75116 Paris. Tél. : 01 44 17 18 42.

LE COACHING NE DOIT PAS DÉVIER EN THÉRAPIE

Hubert, 42 ans, coach : « *La difficulté du travail de coaching, dans ce face à face comme dans le travail d'équipe, consiste à contrôler la situation et à la maintenir dans les frontières du champ professionnel, car il ne peut s'agir à proprement parler de thérapie. Il est primordial de savoir reconnaître les limites de son rôle et de ne pas les dépasser, ce qui pourrait entraîner des états de dépendance malsains. Le grand risque étant donc représenté par l'abus de pouvoir. [...] Le respect d'une déontologie professionnelle doit donc rester le maître mot du psychologue, sinon les dérapages ne sont pas loin [...]* ».

Ergonome

Il ne s'agit pas d'un métier au sens habituel du terme, mais d'une profession qui va se définir en fonction du spécialiste qui l'exerce, de la demande qui lui est faite, et de tout un panel de théories, de références et de méthodes qui serviront son exercice.
Un ergonome peut donc être un psychologue, mais aussi un médecin, un ingénieur, un chercheur ou un enseignant, développant une activité correspondant à ses compétences, et rémunéré au titre de celle-ci, et non pas sous l'intitulé d'« ergonome ».

L'ergonome s'emploie à adapter le mieux possible l'outil de travail à l'homme. Ses domaines d'intervention sont dès lors très variés, et parmi ceux-ci on peut citer la mise en place d'une usine, l'organisation du travail, la conception d'un produit, ou la gestion de certaines nuisances comme les émanations toxiques ou le bruit.
L'un de ses principaux objectifs est constitué par l'amélioration des conditions de travail dans l'entreprise. Il se consacrera aussi souvent à la prévention des accidents. Il œuvre donc à la fois dans le sens du salarié et dans celui de l'institution qui l'emploie.

Un psychologue engagé comme ergonome mettra sa connaissance du psychisme humain au service du bien-être des individus considérés isolément et collectivement, et permettra ainsi dans le même temps à une entreprise de fonctionner plus efficacement.
Il travaillera en lien avec des cadres de l'entreprise et des ingénieurs pour des tâches aussi variées que l'établissement de définitions de poste, la réorganisation d'un service, ou l'introduction de nouvelles machines ou d'un nouveau matériel informatique.

La formation demandée sera généralement celle d'un cursus de psychologie du travail, de psychologie sociale ou expérimentale, assortie dans l'idéal d'un troisième cycle d'ergonomie.
Leur terrain d'application privilégié se trouvera partout où le facteur humain est important, et où certaines situations peuvent mettre en péril la sécurité des personnels et la sûreté des équipements.
L'éducation à la sécurité routière et la prévention des accidents constituent des terrains d'embauche, et tout un champ reste à exploiter sur le plan des conséquences des pathologies mentales sur le travail, en particulier dans certaines entreprises où la sécurité est essentielle.

Une définition de l'ergonomie
Le terme d'ergonomie est récent. Son introduction date de 1949, et visait à rassembler sous un sigle unitaire tout ce qui concerne l'étude de l'homme au travail et l'aménagement de ce travail.
L'ergonomie est une discipline scientifique, constituée par plusieurs disciplines concourant à la connaissance de l'homme au travail. Elle a ainsi trait aux aspects physiologiques, psychologiques, sociologiques et médicaux du travail humain.
Son objectif est d'élaborer un corpus de connaissances, dans une perspective d'application, aboutissant à une meilleure adaptation de l'homme à son milieu de travail et plus généralement son milieu de vie.

LE RÔLE DU PSYCHOLOGUE DANS UN SERVICE ERGONOMIQUE D'ENTREPRISE

C. Blattier, ergonome : « *En quoi l'ergonomie, cette discipline fortement marquée du sceau de l'hygiène industrielle, de l'anthropométrie et de la médecine du travail peut-elle intéresser un psychologue ? En clair, un psychologue devenu ergonome praticien n'est-il pas amené à abandonner sa substantifique singularité ? Pour une meilleure compréhension du rôle de l'ergonome, je vous soumets un exemple d'étude possible en ergonomie :* Quelles sont les raisons du refus du port de casque chez les agents des gares ? *Cette étude fait appel à la théorie des représentations sociales et utilise la méthode des entretiens semi-directifs. Les résultats obtenus mettent à jour des pratiques qui relèvent de normes explicites chez les agents, qui constituent une idéologie défensive de métier permettant d'une certaine manière aux agents d'affronter ensemble les risques de leur métier. En plus de braver une hiérarchie qui les ignore, les agents se mettent constamment en situation de défier l'angoisse liée à l'occurrence inopinée du danger.* »

Le psychologue chargé de l'insertion sociale et de la médiation

Dans l'entreprise, en cabinet privé ou au sein d'institutions du service public, le psychologue peut être amené à remplir une fonction sociale, d'orientation, d'insertion ou de médiation, à des plans individuels comme collectifs.
Les missions dans ce champ sont d'autant plus variées qu'elles s'adressent à un public très disparate, allant des personnes en

situations difficiles ou précaires (SDF, handicapés, détenus...), aux individus rencontrant des problèmes de couples ou familiaux.

Le conseiller professionnel peut avoir en charge l'aide à la réinsertion professionnelle de demandeurs d'emploi en chômage de longue durée, de jeunes sortis du système scolaire sans qualification, de détenus ou encore d'adultes handicapés.

Les psychologues viennent ici jouer un rôle très spécifique en appui des dispositifs d'insertion professionnelle. Avant de former et de réinsérer ces personnes en difficultés, et au cours des premiers temps de leur réadaptation, le psychologue conseiller professionnel va prendre en charge les différents problèmes personnels de l'individu, pour minimiser ses risques d'échecs et lui permettre de se revaloriser.
Il pourra dès lors être confronté à des situations très diverses, ayant trait à l'alcoolisme, à la toxicomanie, à la délinquance ou à la psychiatrie, et les abordera au moyen de sa pratique clinique. Il lui faudra tenir compte des capacités et des difficultés de la personne qu'il accompagne, afin de l'aider progressivement à se réconcilier avec lui-même, puis avec la société, en devenant capable de renouer avec des habitudes perdues, comme la parole ou le respect d'horaires ou d'une autorité.

Le psychologue travaillant sur un tel terrain sera donc en permanence confronté à la souffrance et à l'exclusion, et devra parfois faire l'expérience de sa propre impuissance à conduire une personne sur la voie de la réinsertion. Il s'agit donc d'un métier éprouvant, mais aussi très gratifiant, son rôle de conseil et d'accompagnement s'étendant jusque dans l'entreprise. Il conduit un travail préliminaire, souvent long, en amont de la véritable réinsertion.

Dans le cas d'une action auprès d'adultes handicapés, un cadre législatif oblige les entreprises à embaucher un certain nombre de personnes handicapées et à prévoir des installations adaptées.
Dans le cadre des missions d'insertion, les psychologues peuvent être employés par les mairies, auprès de jeunes CES (Contrat emploi solidarité), et les suivre dans les difficultés qu'ils peuvent rencontrer sur leur lieu de travail. Des postes de « chargés de mission de suivi des CES » (ou des RMIstes) ont ainsi été mis en place par certaines collectivités.

Il existe également des postes de responsabilité auprès des acteurs locaux et des élus, par exemple au sein du Plan local d'insertion par l'économique (PLIE). Le psychologue jouera alors un rôle de coordinateur entre les différents partenaires, ainsi que de soutien et de conseil auprès des équipes.
Le rôle de « coordinateur emploi-formation » s'exerce quant à lui dans une zone géographique correspondant à un bassin d'emploi, et sert alors d'intermédiaire entre la région finançant les programmes d'action et de formation, les acteurs locaux de terrain, et les responsables des dispositifs de formation.
Enfin, les psychologues peuvent être employés directement par les organismes de formation, les missions locales ou les centres de bilan. Ils ne sont néanmoins pas toujours identifiés comme tel, et peuvent être amenés à exercer leurs activités sous un autre intitulé.

Le profil requis
Les compétences de clinicien ne sont pas toujours suffisantes, même si elles se révèlent très utiles auprès d'un public souvent en grande difficulté, et confronté à un impératif de réinsertion pouvant s'avérer rapidement angoissant.
Une expérience (au travers d'un stage par exemple, ou idéalement d'un emploi) auprès du public concerné sera souvent demandée, ainsi qu'une connaissance des dispositifs d'insertion et du marché de l'emploi.

Chargé de bilan de compétences

La loi du 31 décembre 1991 autorise les salariés ayant cinq ans d'ancienneté, dont un dans l'entreprise, à demander un congé pour effectuer un bilan de compétences.
Les demandes n'ont dès lors pas cessé d'augmenter, émanant des salariés ou des entreprises, mais aussi des demandeurs d'emploi. La conjoncture actuelle a entraîné une remise en cause plus fréquente des personnes, qui initient très tôt une réflexion sur leur parcours personnel, et décident de nouvelles orientations professionnelles voire de complètes reconversions.
Selon une étude réalisée en 1993 par le ministère du Travail, 5 000 intervenants ont réalisé 126 000 bilans dans des organismes prestataires de bilans de compétences. Parmi les professionnels les conduisant, se trouvent des psychologues du travail mais aussi des cliniciens.

Lorsqu'un salarié désire bénéficier d'un bilan de compétences, une convention tripartite doit être signée, impliquant le salarié bénéficiaire, l'organisme prestataire de bilans de compétences et l'organisme paritaire agréé au titre du congé individuel de formation.
Les demandeurs d'emploi et les 16-25 ans en amont d'une entrée en formation peuvent également demander ce type de bilan. Sa durée officielle est de 24 heures, et il aboutit obligatoirement à la rédaction d'une synthèse remise à l'intéressé.

Plusieurs centaines de centres de bilans agréés ont ainsi répondu à un cahier des charges précis et se trouvent reconnus par l'Etat et la région au travers de leur inscription sur une liste mise à la disposition du public.
Cette liste est notamment disponible dans les DDTEFP (Direction départementale du travail et de la formation professionnelle), dans les PAIO (Permanence d'accueil d'information et d'orientation), et dans les agences locales pour l'emploi. Le salarié a le choix de son organisme prestataire dès l'instant où il le choisit parmi les centres agréés.
L'AFPA (Association nationale pour la formation professionnelle des adultes), est un organisme de formation employant ainsi 600 psychologues du travail pour pratiquer des missions d'évaluation approfondie en amont d'entrées en stage.
Il s'agit pour les psychologues de mobiliser à la fois leurs connaissances cliniques ayant trait au fonctionnement psychique de la personne humaine, et leurs techniques inspirées de la psychologie du travail. Ils doivent évaluer la pertinence d'une demande de formation, et trouver avec l'individu qui les consulte la meilleure façon d'optimiser ses compétences.
Les actions d'un bilan de compétences visent ainsi à aider un salarié, un jeune ou un demandeur d'emploi en voie d'insertion, à mobiliser l'ensemble de ses potentiels. Le psychologue va permettre une analyse des compétences personnelles et professionnelles, et un approfondissement des aptitudes et motivations de l'individu, afin de définir un projet professionnel ou un projet de formation.

Un bilan se déroule en trois phases personnalisées, et correspond à un total de 24 heures de formation. Ces trois phases sont :
- la phase préliminaire ;
- la phase d'investigation ;
- la phase de conclusions.

La phase préliminaire

Elle comprend les temps de diagnostic, d'analyse de la demande, et d'information.

La phase préliminaire permet de définir et d'analyser la nature des besoins du bénéficiaire, de l'informer rigoureusement des conditions du déroulement du bilan de compétences, des méthodes et techniques qui seront mises en œuvre, et enfin des principes d'utilisation des conclusions de la prestation.

La phase d'investigation

C'est une phase d'évaluation et de conseil, au cours de laquelle le psychologue va élaborer et transmettre des propositions.

La phase d'investigation est une étape fondamentale en ce qu'elle permet au bénéficiaire de faire le point sur ses savoirs, savoir-faire et savoir-être, et de réfléchir sur ses aptitudes non exploitées et sur ses potentialités.

C'est un moment d'analyse des motivations et intérêts personnels comme professionnels, d'identification de compétences et de détermination de possibilités d'évolution professionnelle. Ce temps privilégié, tout en demeurant personnalisé, peut comporter des actions collectives.

La phase de conclusions

C'est le temps de la validation et de la synthèse, au cours duquel le bénéficiaire va prendre connaissance des résultats détaillés de la phase d'investigation.

Avec l'aide du psychologue, il va recenser les facteurs susceptibles de favoriser ou non la réalisation d'un projet professionnel ou d'un projet de formation, et prévoir les principales étapes de la mise en œuvre de ce projet.

La faisabilité du projet va ainsi pouvoir être discutée, en confrontant les pistes envisagées aux données du marché du travail. Le document de synthèse sera ensuite remis exclusivement à l'intéressé, et relate les circonstances du bilan de compétences, les aptitudes du bénéficiaire au regard des perspectives d'évolution envisagées, et les principales étapes prévues pour la réalisation de son projet.

La synthèse d'un bilan de compétences est exclusivement destinée à la personne ayant fait l'objet de ce bilan, et ne peut être transmise à un employeur qu'après accord du bénéficiaire.

Le bon profil d'un psychologue chargé de bilan de compétences
Il est nécessaire de connaître la législation de la formation et du bilan, et d'avoir une bonne maîtrise des techniques d'évaluation. Une connaissance des lois du marché et de l'environnement socio-économique sera également très utile.
Une bonne approche clinique lui permettra de faciliter l'expression et la prise de conscience des motivations et des acquis de la personne, et de s'adapter à des publics très diversifiés pour établir un dialogue.

Les psychologues sont en concurrence avec les professionnels des ressources humaines dans la pratique du bilan de compétences, leur connaissance de l'entreprise étant de plus en plus appréciée des employeurs. Même si les compétences des psychologues sont très utiles pour mener un bilan, elles sont souvent insuffisantes face à la complexité des questions touchant à l'emploi. Une formation complémentaire sera la plupart du temps nécessaire pour offrir un bon profil de chargé de bilan de compétences.

LE BILAN DE COMPÉTENCES : UN PREMIER PAS VERS LA RÉSOLUTION DES PROBLÈMES

Dominique R., clinicienne travaillant en centre de bilan : « *Un bilan permet aux gens de mieux comprendre leur vie, de repérer leurs choix, leurs motivations, de définir ce qu'ils veulent. Je suis là pour les aider à trouver leur propre solution...* ».

Psychosociologue

Le psychosociologue exerce dans le domaine du travail et plus généralement de l'activité économique. Deux types d'emploi sont possibles dans cette profession, l'un davantage tourné vers **la production et le traitement de l'information dans des contextes de communication** ; l'autre, spécialisé dans **les constructions qui font que l'homme au travail peut être conçu comme une « machine » à un niveau symbolique, et appréhendé selon des modalités particulières.**

Lorsque le psychosociologue se pose en spécialiste de l'élaboration et de la transmission de l'information, son action va surtout se concentrer sur les effets de cette information dans des situations de communication multiples. Il pourra dès lors exercer son métier dans des champs d'application variés, comme la publicité, le marketing, la communication médiatique ou la communication d'entreprise.
L'objet du psychosociologue devient alors le message, et ses outils conceptuels et techniques seront puisés dans les théories de la représentation, de l'influence, de l'analyse de contenu ou encore de l'analyse des rapports texte-image.

Un deuxième type d'emploi fait du psychosociologue un spécialiste de l'homme au travail, en concevant celui-ci au travers de divers jeux symboliques. Un tel professionnel se réfère alors à une approche mécaniste, plus ou moins behavioriste, et questionne les organisations au niveau de leurs dysfonctionnements afin de proposer des solutions.

Sur le plan de la pratique, le psychosociologue peut intervenir pour faire de la thérapie et de la dynamique de groupe, ou mener en face à face des entretiens non directifs. De telles applications peuvent par exemple se rencontrer dans le cadre d'études de marketing, type enquêtes d'opinion ou études de marchés. Il peut également animer des réunions de consommateurs, et se montre capable d'analyser en profondeur les comportements d'achat et les représentations non conscientes des consommateurs.

Une étude du Syntec – organisation regroupant les plus importantes sociétés d'études marketing – indique qu'à peine 10 % des chargés d'études sont des psychologues. Pour accéder à de tels postes, un DESS spécialisé en psychosociologie est recommandé, ainsi qu'une formation complémentaire à l'entretien de groupe.

▶ **Contacts :**
• Syntec Conseil études marketing et opinion. 3, rue Léon Bonnat, 75016 Paris. Tél. : 01 44 30 49 20.
• Adetem. 221, rue La Fayette, 75010 Paris. Tél. : 01 40 38 97 10.

La médiation familiale

La multiplication des divorces, des familles reconstituées ou monoparentales, associée à une baisse de l'autorité parentale, a fait émerger de nouvelles difficultés dans la résolution desquelles un spécialiste extérieur peut être consulté.

La médiation familiale se révèle très utile dans les cas où une séparation se déroule mal et où le couple se dispute la garde des enfants. Le juge aux affaires familiales peut alors intervenir pour imposer aux parents un lieu de rencontre neutre dans lequel l'enfant pourra retrouver le parent qui n'en a pas la garde, selon un rythme défini par le juge.
Le psychologue exerçant un emploi de médiateur familial travaille le plus souvent à temps partiel au sein d'une association mandatée par le juge aux affaires familiales. Sa mission est d'aider l'enfant et le parent à mieux communiquer et à dépasser certaines difficultés, tout en servant d'intermédiaire neutre entre les deux parents dans la résolution de leur conflit.
Il effectue également tout un travail de prise de conscience avec le parent qui a la garde de l'enfant, afin de l'amener à envisager la situation aussi sereinement que possible et à ne pas priver son enfant de l'autre parent.

Le conseil conjugal et le planning familial

Le conseil conjugal est souvent un psychologue ayant suivi une formation complémentaire en conseil conjugal et à la thérapie de couple et familiale. Le conseiller conjugal assure une fonction clinique d'aide psychologique.
Il possède divers champs d'intervention, dans le cadre des difficultés personnelles, des relations parents-enfants, des problèmes de couple, et de la sexologie.
Le conseiller conjugal a d'abord pour fonction d'écouter ses interlocuteurs et de les faire avancer dans leur problématique, en employant différentes méthodes de consultation. Il aura ainsi recours à des entretiens individuels ou de couple, et pourra mettre en place des thérapies familiales brèves ou systémiques.
Son intervention a lieu le plus souvent dans un lieu neutre, comme une mairie, un hôpital ou une PMI, dans une durée limitée et sous couvert du secret professionnel. De façon plus rare et souvent plus spécialisée, il peut exercer en libéral dans un cabinet.

Les écoutants au service des jeunes et des familles

De nombreuses associations d'aide et d'écoute téléphoniques ont vu le jour, chacune d'entre elles s'adressant à un public précis et correspondant à des missions définies, parmi lesquelles le soutien, la prévention, le signalement ou l'information.
La pérennité de ces structures est souvent remise en cause par les politiques, les subventions du ministère de la Santé et de la DDASS (Direction départementale des affaires sanitaires et sociales) constituant souvent l'essentiel de leur financement. Les psychologues sont aussi recrutés pour assister les nombreux bénévoles œuvrant dans diverses associations.
L'Ecole des parents et des éducateurs emploie 40 psychologues travaillant au sein d'une équipe pluridisciplinaire composée également de médecins et de juristes. Créé en 1995, le Fil santé jeunes a permis de recruter 25 personnes dont plus de la moitié de psychologues.
Beaucoup d'autres structures existent, parmi lesquelles on peut citer : Interservices parents, Ecoute parent, Allô grands-parents, le numéro vert national de l'enfance maltraitée, SOS drogue, Sida-information, AIDES, Ecoute Cancer, violences conjugales, Jeunes violence écoute, SOS amitié...

▶ **Contact** : Ecole des parents et des éducateurs d'Ile-de-France. 5, impasse Bon-Secours, 75011 Paris. Tél. : 01 44 93 44 88.

4. L'enseignement et la formation

Moins souvent évoqué que les perspectives d'orientation dans les domaines de la santé et du travail, l'exercice de la psychologie au travers de l'enseignement et de la formation possède ses propres spécificités.
Etre formateur implique une expérience et une certaine maturité, permettant, comme dans le cadre d'un enseignement, de transmettre un savoir maîtrisé. En plus d'un grand sens de la relation et de bonnes capacités d'adaptation, il sera nécessaire que le psychologue possède et développe des techniques pédagogiques rendant son travail agréable et performant.

Les métiers de l'enseignement et de la formation requièrent ainsi, de façon presque incontournable, une expérience clinique préalable et une préparation spécifique à cette nouvelle activité. Une grande autonomie est souvent nécessaire au psychologue qui choisit cette orientation ; celle-ci lui offre l'avantage d'une importante liberté dans ses interventions, et l'inconvénient d'une relative solitude dans l'exercice de sa profession.

L'enseignement

Les psychologues ont la possibilité d'enseigner dans des structures diverses, partout où leurs connaissances pourront servir à compléter la formation des individus. Ils interviennent aussi bien auprès d'enfants que d'adultes et d'adolescents, de manière ponctuelle ou plus durable au sein d'établissements publics ou d'entreprises. Ils peuvent être recrutés entre autres par des laboratoires de recherche, des instituts de formation ou des entreprises privées pour y assurer des missions au cours de colloques ou de séminaires.

Enseignant-chercheur

Les psychologues désirant devenir enseignants-chercheurs à l'Université devront effectuer un doctorat, c'est-à-dire soutenir une thèse après les cinq années d'étude du cursus leur ayant conféré leur titre.

Une thèse se prépare le plus souvent en trois ans, mais demande parfois quatre à cinq années de travail étant donné que la majorité des doctorants exerce une activité salariée en plus de ce parcours universitaire prolongé.

Un étudiant en psychologie inscrit en thèse peut être amené à enseigner avant d'avoir obtenu son doctorat. Il pourra par exemple être chargé de cours dans des domaines d'enseignement correspondant à sa formation et à ses compétences, cette situation étant intéressante dans la mesure où elle n'empêche pas d'exercer une autre activité salariée en même temps.
Les doctorants peuvent également obtenir des contrats d'enseignement à mi-temps ou à plein-temps, dans le cadre d'un monitorat ou d'un poste d'ATER (attaché temporaire d'enseignement et de recherche).
Le moniteur d'initiation à l'enseignement supérieur est titulaire d'une allocation de recherche, et enseigne 84 heures par an tant que dure cette allocation (en général trois ans). Il perçoit donc un salaire mensuel, correspondant à un plein temps, et est formé parallèlement à son activité au sein du CIES (Centre d'initiation à l'enseignement supérieur).
L'ATER ne perçoit pas d'allocation de recherche. Il est recruté dans le cadre d'un contrat d'enseignement à plein temps (192 heures par an) ou à mi-temps (96 heures par an) pour une durée d'un an renouvelable une fois.
ATER et moniteurs sont liés par une clause d'exclusivité au laboratoire de leur université, et ne sont pas autorisés à exercer une activité rémunérée en dehors de leur enseignement universitaire. Cette clause, qui n'est pas sans poser des difficultés aux jeunes psychologues désirant pratiquer leur métier, se justifie par le fait que le salaire attribué par le rectorat inclus un financement du travail de thèse, et que rien ne doit venir compromettre l'achèvement de celle-ci.

Une fois la thèse soutenue, il sera possible de s'inscrire sur une liste de qualification afin de devenir maître de conférences. Les professeurs et les maîtres de conférences forment ainsi le corps des enseignants chercheurs à l'Université. On estime leur nombre en France à environ un millier, qui enseignent à 60 000 étudiants, tous cycles confondus. Il est également possible d'exercer un emploi d'enseignant-chercheur au sein du CNRS.

Maître de conférences

Son recrutement se fait sur la base d'un concours ouvert aux titulaires d'un doctorat. L'obtention du doctorat seule ne suffit pas, il faut également être qualifié en psychologie, et à cet effet s'inscrire sur une liste nationale de qualification dans la section correspondant à celle des compétences avancées, en psychologie, et souvent dans un sous-domaine de cette discipline.
Le candidat à la qualification doit adresser un dossier en deux exemplaires à deux rapporteurs désignés par le Conseil national des universités (CNU), mentionnant son cursus, ses publications, ses activités d'enseignement, ses activités scientifiques et professionnelles, son expérience clinique et son rapport de thèse.
Une qualification ne va pas de soi : en 1999, 147 candidatures sur 259 étudiées furent qualifiées, soit 57 %. La qualité des publications, des activités professionnelles et d'enseignement, ainsi que, dans une moindre mesure, de la mention et du rapport concernant la thèse soutenue, auront une grande importance dans la décision de qualification.
Pour savoir dans quelles revues publier, consultez le *Répertoire des revues de psychologie francophones*, publié par la Société française de psychologie (SFP) ; ainsi que la liste des revues de psychologie clinique et de psychopathologie publiée par l'Association des enseignants de psychologie universitaires (AEPU). Le recensement des revues de psychologie est également disponible sur le site internet : www.psych-web.com/resource/journals.htm.

Une fois qualifié, le candidat peut postuler aux postes publiés dans le *Journal Officiel*, dans la section de qualification, mais aussi dans les autres sections pour lesquelles il peut demander à être qualifié. Environ 40 % des qualifiés sont recrutés (mais ces recrutements concernent aussi les candidats qualifiés les années précédentes).

Professeur des universités

Une fois maître de conférences, l'enseignant-chercheur peut présenter une habilitation à diriger des recherches, ou justifier d'un doctorat d'Etat soutenu avant 1987. L'habilitation à diriger des recherches s'obtient après rédaction d'une thèse et soutenance devant un jury, puis il faudra un délai variable avant que le maître de conférences ainsi habilité soit recruté comme professeur des universités.

Les principaux organismes recrutant des professeurs des universités sont le Centre national de la recherche scientifique (CNRS), l'Ecole des hautes études en sciences sociales (EHESS), le Collège de France, l'Inetop (Institut national d'études du travail et d'orientation professionnelle), l'Institut national de recherche et de documentation pédagogique (INRDP), l'Institut français de recherche scientifique pour le développement en coopération (Orstom), et les facultés de lettres.

Chercheur au CNRS

Environ 6 % des doctorants en sciences humaines sont recrutés par le CNRS. Le concours d'accès est difficile, ses conditions étant plus exigeantes qu'à l'Université, surtout sur le plan de l'âge, des publications et des langues.
Les chercheurs en neurosciences et en psychologie cognitive auront plus de facilités à publier et à collaborer internationalement, leurs disciplines étant incluses dans la section « sciences de la vie » du CNRS. Cet avantage pourra considérablement faciliter leur recrutement.
Un séjour postdoctoral, de préférence à l'étranger, est vivement recommandé, d'autant qu'il existe des bourses accompagnant ce type de démarches.

En dehors du CNRS, quelques autres possibilités existent sous la forme de recrutements par contrat pour des Etablissements publics à caractère industriel et commercial (EPIC), et pour des fondations.
Il est également envisageable de postuler à une carrière technique ou administrative au sein de l'Université ou dans des organismes publics de recherche. Ces emplois correspondront alors essentiellement à des postes d'ingénieur de recherche (avec doctorat) et d'ingénieur d'études (sans doctorat).

Pour en savoir plus : il existe une brochure consacrée aux métiers de l'enseignement supérieur et de la recherche éditée par le MENRT (ministère de l'Education nationale, de la Recherche et de la Technologie), disponible dans les SCUIO.

Psychologue formateur

Des psychologues engagés dans la formation des adultes peuvent exercer des fonctions diverses, au nombre desquelles formateur conseil, responsable de formation, animateur de formation ou intervenant spécialisé. Certaines missions plus spécifiques pourront également les conduire à exercer en tant que responsable des moyens pédagogiques, gestionnaire de formation, ou concepteur de didacticiels.
Le psychologue formateur intervient notamment auprès d'assistantes maternelles, d'élèves infirmiers ou aides-soignants, et de travailleurs sociaux, auxquels il dispense des enseignements de psychologie.
Il peut également déployer ses compétences en entreprise, en formant des cadres aux techniques de l'entretien, au management ou à l'animation des équipes commerciales, dans le but d'améliorer la communication et d'obtenir une plus grande efficacité, donc de meilleurs résultats.

L'offre de formation est actuellement très généreuse, et les psychologues peuvent trouver une place de choix parmi les formateurs. Un travail de supervision des équipes peut être mené dans certaines structures médico-sociales et associations, en appui de l'institution afin de contribuer à la formation permanente des personnels. Il s'agit d'une tâche assez difficile, et nécessitant souvent d'avoir effectué au préalable un travail approfondi sur soi-même.

Le bon profil

Outre des données évidentes, telles qu'une bonne connaissance du savoir que l'on souhaite transmettre et une expérience préalable des problématiques auxquelles on s'attache, différentes compétences sont requises dans l'exercice de la fonction de formateur.
Il faut être soi-même convaincu de l'utilité de la formation, et savoir s'adapter à des partenaires différents. Un psychologue formateur doit également savoir maîtriser des situations d'aide et de conseil, gérer des conflits, et contrôler des phénomènes affectifs.

La formation et l'orientation

On recense actuellement 3 500 psychologues scolaires et 4 400 conseillers d'orientation psychologues qui se trouvent confrontés à des problèmes d'orientation, d'apprentissage ou de pédagogie.
Leurs missions et leurs outils peuvent beaucoup différer en fonction des établissements qui les emploient et des populations auprès desquelles ils interviennent. Leur formation est souvent la psychologie clinique, mais les spécialisations développementales et de psychologie du travail se révèlent également pertinentes dans ce type d'exercice.

Psychologue scolaire

La principale mission du psychologue scolaire est la prévention des inadaptations. Une circulaire du 10 avril 1990 définit précisément leur domaine d'intervention. Ils participent à la lutte contre l'échec scolaire dans le cadre des réseaux spécialisés aux élèves en difficultés (RASED), et collaborent à ce titre avec des orthophonistes, des instituteurs spécialisés, des psychopédagogues et des rééducateurs.

Les psychologues scolaires interviennent dans les actions de prévention des difficultés scolaires, dans l'élaboration du projet pédagogique de l'école, dans l'intégration et le suivi des élèves handicapés, et dans l'orientation vers des classes et établissements spécialisés pour les élèves en grave difficulté.
Un psychologue scolaire mène donc une action clinique en plus d'institutionnelle, reçoit l'enfant en consultation, seul ou avec sa famille, et peut lui faire passer divers tests visant à un bilan d'aptitudes ou de personnalité. Il peut décider d'une orientation thérapeutique vers un CMPP (Centre médico-psycho-pédagogique) ou un praticien en libéral, lui-même ne conduisant pas de thérapie au sein de l'établissement scolaire.

La fonction de psychologue scolaire est ancienne puisqu'elle date de 1945. Elle a eu néanmoins du mal à se faire reconnaître, et constitue une exception dans la mesure où elle autorise l'usage du titre de psychologue sans obligation d'un DESS ou d'un DEA de psychologie.

Elle est définie par des textes réglementaires successifs :
• la loi du 25 juillet 1985 fixe l'usage professionnel du titre de psychologue, mais ne mentionne pas le titre de psychologue scolaire ;
• le décret du 18 septembre 1989 crée le diplôme d'Etat de psychologue scolaire (DEPS) ;
• le décret du 27 mars 1993 limite le champ d'action des psychologues scolaires en instituant dans son article V que « *les titulaires du DEPS ne peuvent faire usage du titre de psychologue qu'assorti du qualificatif scolaire* » ;
• le Conseil d'Etat décide d'annuler, lors de sa séance du 22 février 1995, les dispositions prises par l'article V du décret du 27 mars 1993.
Les psychologues scolaires réclament actuellement une validation par un DESS, qui leur permettent de créer un corps unique de psychologues de l'Education nationale, allant de la maternelle à l'Université, et se regroupant en services de psychologie de l'éducation.

Il s'agit d'une profession pour laquelle il n'y a pas d'accès direct, puisqu'elle nécessite à la fois une formation complémentaire et des années d'expérience préalables.
Le DEPS (diplôme d'Etat de psychologue scolaire), se prépare au cours d'un cycle de formation spécifique, auquel l'accès est restreint par différentes conditions. L'étudiant désirant préparer un DEPS doit être titulaire d'une licence de psychologie, être fonctionnaire titulaire d'un corps d'enseignants du premier degré, et justifier d'au moins trois années d'enseignement dans une classe.

C'est un métier et une formation qui s'adressent donc aux étudiants en psychologie, mais aussi, et de façon incontournable, aux enseignants déjà qualifiés et expérimentés.
Le parcours universitaire de l'étudiant désirant devenir psychologue scolaire comportera donc trois années minimum d'étude de la psychologie, mais aussi la réussite au concours de l'IUFM (Institut universitaire de la formation des maîtres) afin d'exercer comme enseignant auprès d'enfants et d'adolescents.
C'est l'IUFM qui dispensera également la formation au DEPS, comprenant 300 heures de cours théoriques et de travaux pratiques, un travail d'étude et de recherche de 160 heures et des stages (240 heures). Six centres possèdent ainsi un département de psychologie rattaché à l'IUFM leur permettant de dispenser

cette formation : Aix-Marseille I, Bordeaux II, Grenoble II, Lille III, Lyon II, et Paris V.

Voici un secteur qui recrute ! D'ici à 2010 de nombreux départs à la retraite de psychologues scolaires en activité vont laisser bien des postes vacants. De plus, les candidats manquent, du fait précisément des exigences particulières de la formation. Une licence de psychologie n'est plus à l'heure actuelle une porte d'entrée privilégiée pour l'IUFM, étape obligatoire de l'étudiant souhaitant devenir psychologue scolaire.
D'après l'Association française des psychologues scolaires (AFPS), on estime à environ 250 le nombre de postes de psychologues scolaires non pourvus, et celui-ci risque de ne faire qu'augmenter.

▶ **Contacts :**
• Association française des psychologues scolaires (AFPS). 9, allée Brahms, 91410 Dourdan. Tél. : 01 64 59 94 46.
E-mail : jc-guillemard@wanadoo.fr.
Internet : www.webhome.infonie.fr/afps/
L'AFPS publie une revue trimestrielle intitulée *Psychologie et éducation*.
• Syndicat national des psychologues de l'Education nationale. 269, rue Jean Jaurès, 59199 Bruille-Saint-Amand.
Tél. : 03 27 34 17 72.

Conseiller d'orientation psychologue (COP)

Les conseillers d'orientation psychologues (COP) sont des personnels de l'Education nationale. On en dénombre environ 4 400 en activité, qui aident les élèves dès la sixième à construire un projet scolaire et professionnel.
Les COP sont recrutés à partir d'un concours ouvert exclusivement aux titulaires d'une licence de psychologie. Le nombre de postes est toujours très inférieur au nombre de candidats, avec par exemple 150 postes proposés en 1999 pour 1 379 candidats !
Les candidats ayant été déclarés admis deviennent conseillers d'orientation psychologues stagiaires et reçoivent une formation de deux ans, rémunérée, qui les prépare au diplôme d'Etat de conseiller d'orientation psychologue (Decop). Ils doivent alors souscrire à l'engagement de rester au service de l'Etat pendant dix ans.

La formation du COP est donc différente, à partir de la licence, de celle des autres psychologues, et en fait un corps très particulier, entravant notamment la création d'un corps unique de psychologues de l'éducation.

Les missions d'un COP, fixées par le décret 91-291 du 20 mars 1991, sont les suivantes :
« *Les conseillers d'orientation psychologues exercent leur activité sous l'autorité du directeur du Centre d'information et d'orientation (CIO) dont ils relèvent. Ils assurent l'information des élèves et de leur famille. Ils contribuent à l'observation continue des élèves, ainsi qu'à la mise en œuvre de leur réussite scolaire. Ils participent à l'élaboration ainsi qu'à la réalisation des projets scolaires, universitaires et professionnels des élèves et des étudiants en formation initiale, afin de satisfaire au droit des intéressés, au conseil et à l'information sur les enseignements et les professions. Outre cette mission prioritaire, ils participent à l'action du Centre d'information et d'orientation en faveur des jeunes qui, à l'issue de la scolarité obligatoire, n'ont pas atteint le premier niveau de qualification reconnu, et en faveur d'autres publics, notamment des adultes* ».

Sur le terrain, leurs missions apparaissent plus complexes et plus difficiles à définir. Si ces professionnels ne sont pas que de simples informateurs, ils ne sont pas pour autant des psychologues à part entière...
Les COP se partagent entre leur travail au CIO et dans les établissements scolaires qui dépendent de leur secteur géographique. Leur véritable supérieur hiérarchique direct est l'inspecteur d'académie.
Les difficultés d'un élève peuvent parfois s'avérer profondes et dépasser le cadre purement scolaire. Le rôle du COP est alors de détecter les troubles et d'orienter l'élève vers d'autres spécialistes, comme un médecin ou un psychologue situé hors de la sphère scolaire. Son rôle est donc limité et il doit en rester conscient, afin de ne pas transformer un entretien de conseil et d'orientation en entretien thérapeutique.

▶ **Contacts :**
• Inetop. 41, rue Gay-Lussac, 75005 Paris. Tél. : 01 44 10 78 10/34. Internet : www.2cnam.fr/inetop/
• Université de Provence – Aix-Marseille I, Centre de formation des COP-UFR de psychologie et sciences de l'éducation. 29, avenue Robert Schuman, 13621 Aix-en-Provence. Tél. : 04 42 95 37 00/70.

• Université Charles de Gaulle – Lille III, Centre de formation des COP. Domaine universitaire du Pont de Bois, UFR de psychologie, BP 149, 59653 Villeneuve-d'Ascq. Tél. : 03 20 14 69 04.
• ACOP-France (Association des conseillers d'orientation psychologues France). Siège : 41, rue Gay-Lussac, 75005 Paris. Tél. : 01 43 54 10 91.

LES MULTIPLES ASPECTS DU MÉTIER DE CONSEILLER D'ORIENTATION PSYCHOLOGUE

Laurence, conseillère à Paris, définit ainsi son métier : « *Mes missions en consultation au CIO ou assurant des permanences dans les établissements scolaires sont identiques. Il s'agit d'accueillir, de savoir écouter, comprendre une demande, et de pouvoir apporter une réponse adaptée à la situation et au profil du jeune, en tenant compte tout à la fois de sa personnalité, de son niveau scolaire, de ses potentialités et des possibilités existantes. […] Je dois donc tout à la fois informer et donner des conseils personnalisés en orientation. En dehors des nombreux outils documentaires, mis également à la disposition du public (système autodoc de l'Onisep), je dispose d'autres outils qui nécessitent plus spécifiquement mes compétences de psychologue, notamment les tests d'intérêts professionnels, et de motivation, sans oublier la pratique irremplaçable de l'entretien approfondi, à laquelle j'attache une importance particulière. Il faut savoir que j'ai la charge d'environ 1 400 élèves ! C'est pourquoi il m'est indispensable, chaque début d'année scolaire, de structurer mes activités et de prévoir un plan d'action. Dans cette perspective, je travaille le plus souvent possible en étroite collaboration avec l'équipe enseignante, afin de bâtir un véritable programme d'orientation et d'information adapté aux niveaux des élèves. Je cherche à placer chaque élève dans une dynamique de projet et non pas à l'enfermer dans un choix plus ou moins imposé par le système scolaire. Je considère aussi que toutes les disciplines scolaires, notamment l'expression écrite, peuvent permettre à l'élève de travailler sur la connaissance de soi.* »

Psychologue de l'éducation

Le psychologue de l'éducation doit être titulaire d'un DESS de psychologie. On en recense environ 200 travaillant dans les établissements scolaires privés catholiques, c'est-à-dire des structures d'enseignement privées, sous contrat avec l'Etat. La majorité d'entre eux sont regroupés au sein de l'Association nationale des psychologues de l'enseignement catholique (ANPEC) qui compte 150 adhérents.

Leur contrat de travail est régi par la convention collective des psychologues de l'enseignement privé, signée le 19 décembre 1984, et leur salaire est aligné sur la grille indiciaire des traitements des professeurs certifiés.

Leurs missions sont donc plus spécifiques, mais aussi plus larges, avec des interventions dans les écoles maternelles et primaires, ainsi que dans les collèges et lycées. Leur rôle est très comparable à celui des psychologues scolaires de l'Education nationale dans les sections maternelles et primaires, mais diffère sensiblement dans le secondaire. Ils organisent alors leurs actions dans la définition et l'accompagnement des projets d'orientation des jeunes, et réalisent des permanences d'écoute dans les établissements.

Le mode de rattachement institutionnel des psychologues de l'éducation est variable : 55 % environ travaillent dans des services de psychologie dépendants d'une Direction diocésaine de l'enseignement catholique (DEC), 30 % dans des services de type association loi 1901 ayant passé une convention avec l'enseignement catholique, et 15 % sont directement embauchés par des établissements.

▶ **Contact :** Association nationale des psychologues de l'enseignement catholique (ANPEC). 15, rue Leglas-Maurice, 44041 Nantes cedex 01. Tél. : 02 51 81 64 26.

Psychologue en libéral

L'exercice de la psychologie en libéral est une pratique à laquelle aspirent un grand nombre d'étudiants, ce projet revêtant un plus ou moins long terme dans ses perspectives d'exécution.

Ouvrir un cabinet, trouver une clientèle, se faire connaître des médecins et centres médico-sociaux susceptibles d'effectuer des orientations de consultations psychologiques ou de thérapie constitue un parcours souvent progressif et difficile.

N'étant pas médecin, le psychologue ne peut voir ses actes remboursés par la sécurité sociale, ce qui réduit de beaucoup les

possibilités de prises en charge de certaines populations défavorisées en dehors des centres de consultations agréés.
Jusqu'à très récemment, le statut de psychothérapeute n'était pas reconnu ni protégé par la loi. Un nouvel amendement, voté en octobre 2003, tente d'initier une réglementation de ces professions mais cette tentative ne va pas sans de nombreuses contestations face à la réduction de liberté qu'elle pourrait induire.

Il existe divers organismes d'agrément des psychothérapeutes et des psychanalystes, permettant aux professionnels et aux clients de se rencontrer autour d'un certain nombre de garanties de formation.
Le PSY'G – groupement syndical des praticiens de la psychologie-psychothérapie-psychanalyse – assure ainsi les agréments des personnes souhaitant se faire reconnaître dans leur pratique, et fournit un annuaire des praticiens agréés aux personnes en quête d'un thérapeute.
Sur le seul registre de la psychanalyse, l'association psychanalytique internationale reconnaît diverses écoles en Europe, en se fondant sur la rigueur de la formation et des pratiques.

L'exercice de la psychologie en libéral, que cela soit au travers de la profession de psychothérapeute ou de psychanalyste, nécessite de l'expérience et de la maturité. Le fait d'avoir été soi-même suffisamment longtemps en thérapie est évidemment incontournable pour prétendre à un tel exercice, ainsi que l'adhésion à un groupe de travail afin de pouvoir échanger avec des collègues autour des difficultés rencontrées.

▶ **Contacts :**

- PSY'G (groupement syndical des praticiens de la psychologie-psychothérapie-psychanalyse). 3, rue du Grand Marché, 78300 Poissy. Tél. : 01 30 74 44 18.
- SNP (Syndicat national des psychologues). 40, rue Pascal, Porte G, 75013 Paris. Tél. : 01 45 87 03 39.
- ANOP (Association nationale des organisations de la psychologie). 20 bis, Grand'Rue, Croix Rouge, 13013 Marseille. Tél. : 04 91 07 42 55.

Psychothérapeute

Le psychothérapeute reçoit dans son cabinet, le plus souvent en face à face, les personnes désirant entreprendre une psychothérapie, ou simplement le consulter pour un problème précis.

Le SNPpsy est l'auteur d'une proposition de loi « *relative à l'exercice de la profession de psychothérapeute, à l'attribution et l'usage du titre* ».
Il définit ainsi les étapes conditionnant l'accès à la profession de psychothérapeute :
• une psychothérapie personnelle ;
• une formation spécifique théorique et pratique de 1 000 heures minimum dans un organisme agréé ;
• deux années de supervision portant sur la pratique et les difficultés rencontrées par le nouveau praticien ;
• l'obtention du label du syndicat après un entretien sur son expérience et sa formation.
Selon le SNPpsy, la psychothérapie s'occupe de traiter les personnes éprouvant des difficultés psychologiques, comportementales, sexuelles ou d'origine psychosomatique par le moyen du psychisme.
La psychothérapie comprend une pratique qui s'ancre dans une relation personnelle au consultant, une relation de sujet à sujet, dans laquelle la personne explore avec le praticien sa souffrance et les aspects cachés ou méconnus de son psychisme pour en découvrir le sens.
Elle nécessite également une connaissance approfondie de la psychopathologie permettant au praticien d'élaborer et de conduire des stratégies psychothérapeutiques.
Elle permet le renvoi, auprès du médecin compétent, pour une vérification de l'éventuelle dimension médicale du trouble psychique.
Un psychothérapeute peut travailler en face à face avec son patient, mais également en groupe, en couple, ou en famille. Les méthodes utilisées par le psychothérapeute sont diverses, et dépendent souvent de l'approche théorique du praticien. Parmi les principales, on rencontre des psychothérapies émotionnelles, psychocorporelles, familiales ou comportementales.

Suivant les obédiences et les pratiques, une psychothérapie pourra posséder ou non une durée et des objectifs fixés à l'avance. De multiples approches existent, dont les principales vont être exposées ici.

Les psychothérapies sont d'autant plus diverses qu'elles sont sous-tendues par des conceptions théoriques différentes, voire même opposées. Suivant la façon dont est appréhendé un symptôme, le traitement proposé sera adapté afin de permettre les conditions de sa résolution. Ces présupposés théoriques sont donc souvent indissociables de techniques qui leur sont propres.

L'orientation psychodynamique-analytique

Elle est fortement influencée par la psychanalyse. Cette orientation rassemble plusieurs approches faisant toutes appel à la notion d'inconscient, et cherchant à établir un lien entre les difficultés actuelles et les expériences ou les conflits refoulés et non résolus de l'histoire personnelle.

Au fil des séances durant lesquelles il livre un matériel qui sera interprété par le thérapeute, le patient est ainsi progressivement amené à prendre conscience de l'influence des conflits inconscients et à s'en dégager.

L'orientation existentielle humaniste

Les approches regroupées sous cette appellation se fondent sur la capacité de l'être humain à diriger son existence et à se réaliser pleinement.

L'accent y est mis sur le moment présent, sur la capacité de la personne à prendre conscience de ses difficultés actuelles, à les comprendre, et à modifier en conséquence sa façon d'être ou d'agir.

L'approche rogerienne, la Gestalt-thérapie et **l'auto-développement** constituent des exemples d'approches psychothérapeutiques issues de ce courant de pensée.

L'orientation comportementale-cognitive

Les spécialistes de ce groupe d'approche considèrent que les difficultés psychologiques sont liées à des pensées ou des comportements inadéquats, appris par un individu dans son environnement quotidien.

Ces pensées ou comportements inadéquats sont liés à des cognitions également mal adaptées, c'est-à-dire à des perceptions ou à des apprentissages erronés et constituant une entrave au bon fonctionnement.

Il s'agit donc pour les thérapeutes de cette approche d'analyser ces cognitions, au travers des pensées ou comportements qui les traduisent, ainsi que le milieu de vie de la personne, afin de proposer l'apprentissage de nouveaux comportements, et de remplacer les pensées ou émotions non désirées par d'autres mieux adaptées.
La **thérapie comportementale** et la **thérapie cognitive** constituent les applications les plus connues de cette orientation.

L'orientation systémique interactionnelle
Il s'agit d'une approche qui considère que les problèmes personnels surgissent à la faveur d'interactions entre une personne et son entourage (famille, amis, collègues...).
A partir de l'analyse de la situation problématique, l'objectif de la thérapie vise à modifier les relations entre la personne et son entourage. Il est dès lors fréquent dans ce type de prise en charge que le psychologue rencontre des membres importants de l'entourage de celui ou de celle qui le consulte.
La **thérapie familiale** constitue un exemple de cette orientation.

Les approches dites « corporelles »
Certaines approches font appel à l'énergie corporelle et au mouvement comme agents thérapeutiques. On peut citer parmi celles-ci la **bioénergie** et l'**abandon corporel.**

L'hypnose
L'hypnose est davantage une technique qu'une approche théorique de la souffrance psychique, néanmoins les fondements théoriques de celle-ci se rencontrent plutôt du côté de la psychanalyse et de la psychodynamique.
Les approches se fondant sur l'hypnose visent à la résolution de difficultés actuelles par l'obtention d'un sommeil hypnotique, d'un état de conscience hypnotique au cours de la séance, permettant au sujet d'accéder à la remémoration de certains événements passés.
Obtenu à travers la suggestion du thérapeute, cet état hypnotique bien particulier permet un aménagement des résistances du sujet, et crée une dépendance et une relation asymétrique permettant certaines injonctions thérapeutiques.

L'hypnose peut ainsi se trouver aussi bien employée dans la résolution de difficultés émotionnelles anciennes, que comme accompagnement de certaines modifications de comportements, comme dans le cas des sevrages tabagiques, par exemple.

Le psychodrame

Le psychodrame est une technique souvent employée en institution, et pratiquée généralement avec plusieurs thérapeutes servant de support à l'action. Elle est surtout sous-tendue par des conceptions psychanalytiques.

Il s'agit de faire prendre conscience à un patient de certaines émotions et résistances inconscientes en jouant des scènes de la vie quotidienne au cours desquelles il sera lui-même amené à endosser divers rôles.

Le psychodrame est particulièrement utilisé dans le soin des adolescents, notamment dans les cas d'anorexies sévères et de schizophrénies.

LA MATURITÉ ET L'EXPÉRIENCE : LES MEILLEURS ATOUTS

Caroline B., psychologue psychothérapeute pour enfants, installée en libéral depuis peu, à Paris : « *Mon intérêt majeur pour la psychologie a toujours été centré sur la clinique et la prise en charge des enfants. Les difficultés à trouver du travail dans ce domaine, après mes études, m'ont amené à poursuivre ma formation et à me spécialiser davantage. Par le biais des formations choisies orientées vers les problématiques de l'enfance et de la petite enfance, j'ai intégré un service hospitalier de consultations en pédopsychiatrie en tant que thérapeute. Je dois préciser que ma formation complémentaire à la prise en charge psychothérapeutique d'enfants s'est étalée sur plusieurs années, avec, bien sûr, en parallèle tout un travail analytique personnel et de supervision. Cette expérience très enrichissante et formatrice m'a confortée dans mes choix professionnels et m'a conduite à désirer m'installer en libéral. Se faire une clientèle est un travail de longue haleine. La formation de thérapeute, reconnue dans le milieu médical, est un élément fondamental de la réussite et de la confiance qui est accordée par les professionnels prescripteurs (médecins, pédiatres, psychologues scolaires, responsables d'établissements scolaires...). L'absence de feuilles de soins constitue par ailleurs un handicap de taille pour les psychologues.* »

Psychanalyste

Le psychanalyste reçoit dans un cadre bien défini, invariable, et invitant le patient à la régression. Celui-ci, allongé sur un divan, et s'exprime au fil des associations libres qui viennent à son esprit.
Une analyse comporte un rythme de plusieurs séances par semaine, de deux à quatre le plus souvent, et ne possède pas de durée préétablie. Pour devenir psychanalyste, les écoles de formation réclament, en général, au moins quatre années d'analyse personnelle à leurs candidats.

La psychanalyse se présente à la fois comme un appareil théorique, dont les conceptualisations offrent une voie de compréhension du psychisme humain, et comme une thérapie, qui constitue actuellement davantage une indication pour un travail sur soi que pour le soulagement rapide d'un trouble d'origine psychique.
Les écoles de psychanalyse forment de futurs analystes à la fois à la pratique de la cure analytique et à la maîtrise des concepts sous-tendant cette pratique.
En plus d'un travail personnel et de la supervision des premiers temps de sa pratique, l'aspirant psychanalyste aura donc très souvent l'obligation de suivre des séminaires dispensés par l'école dont il dépend.

Différentes écoles de psychanalyse

Il existe quatre grandes écoles psychanalytiques en France, dont deux seulement ont reçu l'agrément de l'association psychanalytique internationale.
Ces deux écoles sont :
- la Société psychanalytique de Paris (SPP), également appelée Institut de psychanalyse ;
- l'Association psychanalytique de France.

Deux autres écoles possèdent un important rayonnement en France :
- l'école freudienne de Paris, anciennement dirigée par Jacques Lacan ;
- l'Organisation psychanalytique de langue française, également appelée « 4e groupe ».

La Société psychanalytique de Paris (SPP)
Actuellement, la SPP est, en France, la plus imposante et la plus puissante organisation psychanalytique. Si son ampleur impose parfois une structure organisationnelle un peu lourde, elle permet aussi que cohabitent des œuvres fortes et variées qui peuvent s'entrechoquer et se féconder pour le plus grand bien du développement de la pensée psychanalytique française.

Fondée en 1926, elle regroupe des individus assez hétéroclites. On retrouve ainsi diverses tendances au sein de la SPP, et on ne peut pas dire qu'une personnalité vedette s'en dégage. De nombreux individus y ont produit des œuvres importantes, ayant eu un retentissement international. Parmi ceux-ci, on peut citer Marie Bonaparte, Raymond de Saussure, Sacha Nacht, Daniel Lagache ou Jacques Lacan.

▶ **Contact** : Société psychanalytique de Paris et son Institut. 187, rue Saint Jacques, 75005 Paris. Tél. : 01 43 29 66 70.

L'Association psychanalytique de France
La dénomination choisie par ce groupe reflète assez bien son fonctionnement. Il s'agit en effet davantage d'une association d'individus plus ou moins autonomes que d'une école dominée par un maître ou d'une société très organisée.
Une importante tendance universitaire se dégage au sein de ce groupe, au travers de personnalités comme Lagache, Laplanche, Anzieu ou Gantheret, ayant dispensé leur enseignement à l'intérieur des murs de l'Université.
L'Association psychanalytique de Paris est le fruit de deux ruptures qui se sont produites à dix ans d'intervalle. La première scission impliquait un refus de ce qui pouvait apparaître comme la bureaucratisation de la Société psychanalytique de Paris. Réagissant à la montée de l'autoritarisme, plusieurs analystes plus ou moins associés à Lagache et Lacan décidèrent de fonder la Société française de psychanalyse, qui aura une courte existence.
L'Association psychanalytique de France naîtra d'une nouvelle rupture de ses fondateurs d'avec le dogmatisme lacanien montant. Ce nouveau groupe saura, au fil des ans, maintenir une sorte de position centriste qui s'accompagnera d'une part de la volonté de rester un petit groupe, et d'autre part d'une ouverture sur la SPP et sur l'association internationale.

▶ **Contact :** Association psychanalytique de France. 24, place Dauphine, 75001 Paris. Tél. : 01 43 29 85 11.

L'école freudienne de Paris

L'école freudienne de Paris correspond au mouvement lacanien, aujourd'hui assez morcelé (une vingtaine de groupes se partagent le terrain) du fait de sa dissolution par son maître. Fondée par Jacques Lacan, elle a ainsi été dissoute en 1980, et a eu une grande importance dans le développement de la psychanalyse française.

Fondée suite à l'éclatement de la Société française de psychanalyse, l'école freudienne de Paris a été, dans une grande mesure, l'affaire de Jacques Lacan, qui en était l'inspirateur.

L'un des moments forts de cette école était ainsi le séminaire de Lacan qui se donnait dans de vastes amphithéâtres devant un public fasciné. La personnalité entière de Lacan donna lieu à un culte, avec ses gestes, ses tics, ses lubies, phénomène de mode ayant beaucoup servi les détracteurs du lacanisme.

La dissolution de l'école par Lacan en 1980, dans un geste théâtral, puis la mort du maître l'année suivante, ont laissé un mouvement lacanien désorganisé et déchiré. La richesse de la pensée de Lacan continue toujours à inspirer plusieurs penseurs et, avec l'aide du temps, il est devenu possible de dégager l'œuvre de l'homme et de l'aborder avec ouverture et créativité.

▶ **Contact :** Ecole de la cause freudienne. 1, rue Huysmans, 75006 Paris. Tél. : 01 45 49 02 68.

Le IVe groupe : l'Organisation psychanalytique de langue française (OPLF)

L'Organisation psychanalytique de langue française (OPLF) occupe une place originale dans le décor analytique français. Ce IVe groupe, comme il s'est nommé dès ses débuts, s'est constitué en 1969 à partir de l'école freudienne de Paris, laquelle, après quelques années d'existence et sous le choc de mai 1968, se voyait déchirée de nombreux litiges.

Au cœur de ces affrontement, se trouvaient notamment l'éternelle question de la formation des analystes et le statut des didacticiens. Constatant ainsi les aspects pathogènes de la domination exercée par Jacques Lacan, maître et dirigeant suprême, un petit groupe d'analystes va faire scission en 1969.

Ces analystes, parmi lesquels se trouvent François Perrier, Jean-Paul Valabrega et Piera Aulagnier, vont décider de mettre sur pieds

une organisation qui pourra se définir à la fois hors du dogmatisme lacanien et des normes de l'International Psycho-Analytic Association.
Ce IVe groupe a manifesté beaucoup d'ouverture et d'intérêt envers les divers courants de la psychanalyse post-freudienne, et plusieurs de ses membres se sont acquis l'estime des sociétés reliées à l'International.

▶ **Contact :** Le Quatrième groupe (Organisation psychanalytique de langue française). 2, rue Violet, 75015 Paris. Tél. : 01 45 75 59 25.

5. D'autres métiers encore

D'autres exercices de la psychologie existent, moins connus et conjuguant souvent plusieurs formations. Ils offrent la possibilité d'une spécialisation originale et d'une action dans des structures différentes de celles habituellement destinées au travail des psychologues. Nous vous en présentons ici quelques-uns, en illustration de cette richesse des orientations.

La musicothérapie

La musicothérapie est l'utilisation de la musique à des fins thérapeutiques. Elle se décompose généralement en deux approches, la musicothérapie réceptive et la musicothérapie active.

La musicothérapie réceptive

Lors des séances, le patient est invité à écouter un programme sonore établi après un entretien psychologique et un test de réceptivité musicale. Par des techniques de relaxation sous induction musicale, on tente alors d'améliorer les états d'angoisse, d'anxiété, de nervosité ou d'insomnie.
Cette méthode vise également à l'amélioration de diverses maladies somatiques.

La musicothérapie active

Elle est directement axée sur les productions sonores du patient ou sur le travail de la voix. Elle a pour objectif de faciliter la communication avec des adultes ou des enfants en grande difficulté, comme dans le cas de l'autisme ou de la psychose.
L'individu suivi dans le cadre de la musicothérapie active pourra progressivement s'exprimer par le biais de la musique et du son.
Une bonne connaissance de la musique et la pratique d'au moins un instrument seront généralement demandées aux psychologues désirant exercer ce type de prise en charge thérapeutique.

L'art thérapie

L'art thérapie s'est beaucoup développée ces dernières années, au sein d'hôpitaux de jour, d'associations, ou de diverses structures offrant des possibilités de prises en charge individuelles et collectives. L'art thérapeute est souvent un ergothérapeute ou un psychologue, spécifiquement formé au support d'activité qu'il va proposer aux patients.
Selon diverses techniques et acceptions théoriques, ce type de thérapeutique va proposer un soulagement de la souffrance psychique, et quelque fois physique, au travers d'une activité particulière, comme la peinture, la poterie, ou le théâtre. Elle vise à permettre l'expression du sujet et sa communication avec les autres au travers de ses productions.

La thérapie avec le cheval

L'exercice de cette thérapie requiert une formation approfondie dans les connaissances du comportement du cheval, ainsi que des pathologies mentale et physique.

Ce type d'approche peut être par exemple destiné à l'enfant inadapté, ou à l'adulte psychotique, et combine un travail sur le corps à une approche de l'autre à travers le cheval.
Les thérapeutes cherchent ainsi à susciter un dialogue au cheval qui soit de l'ordre d'un dialogue à l'autre, où la demande et la réponse sont repérées, et à étendre cette situation aux rapports de l'individu avec son environnement de vie.

Elle s'inscrit souvent dans une perspective théorique psychodynamique, et peut dans ce cadre être définie ainsi : « *la thérapie avec le cheval est une thérapie corporelle proposant des possibilités de régression dans une dynamique évolutive de réaménagements des fonctionnements psychiques et physiologiques, et de conservation d'acquis, selon les cas.* »

Le profilage et l'analyse criminelle

L'une des applications de la criminologie associée à des études de psychologie est constituée par l'exercice du profilage. Travaillant en collaboration avec les services judiciaires, les psychologues spécialisés dans l'analyse criminelle aident les policiers à résoudre certaines enquêtes en les éclairant sur le profil de suspect à rechercher.
Ils conduisent donc une analyse psychologique en l'absence du sujet concerné, et uniquement à partir des faits le concernant depuis que la justice le réclame, et des éléments d'anamnèse qui leur seront fournis.
Cette démarche connaît aujourd'hui un regain d'intérêt, et quelques psychologues se trouvent recrutés actuellement à des postes d'analyse criminelle, ou leur exercice se trouvera associé à celui de puissants logiciels informatiques.

La neuropsychologie

La spécialisation en neuropsychologie constitue l'une des voies d'orientation les plus prisées à l'heure où les neurosciences prennent une part toujours plus large au sein des cursus de psychologie.
Le neuropsychologue possède des connaissances biologiques avancées, et pourra prendre en charge des patients souffrant de troubles psychiques dont l'origine neurologique est avérée.
Il travaille à partir d'entretiens cliniques, mais également de nombreux tests, visant à évaluer les compétences présentes, ou perdues par le patient du fait de son affection. Il développe également des techniques visant à entretenir les compétences en place et à réduire l'avancée et les conséquences de la maladie.
Les services de gériatrie constituent un lieu de recrutement important pour les neuropsychologues, qui effectueront le suivi de patients en fin de vie, et seront confrontés à des syndromes de dégénérescence mentale comme la maladie d'Alzheimer.

PARTIE III

LA FORMATION

1. Etudier la psychologie

La psychologie est la discipline reine des sciences humaines. Actuellement, plus de 60 000 étudiants sont inscrits dans la filière universitaire de psychologie, tous cycles confondus, avec un nombre de diplômes délivrés en fin de troisième cycle toujours limité à 5 000 par an !
C'est surtout en Deug, avant certaines réorientations, que se rencontrent les plus importantes concentrations d'étudiants. A titre d'exemple, pour l'année universitaire 1998-1999, le Deug mention psychologie comptait 34 694 inscrits. La grande majorité de ces étudiants arrive droit du lycée et va découvrir une discipline très différente de celle qu'ils imaginaient.

Les enseignements de philosophie dispensés en terminale fournissent généralement une initiation aux textes de Sigmund Freud qui séduit souvent par sa nouveauté et les perspectives d'introspection qu'elle apporte avec elle.
C'est donc essentiellement portés par une connaissance et une attirance pour la psychanalyse et la psychopathologie clinique que les jeunes bacheliers vont décider une orientation vers la psychologie. La découverte du contenu des enseignements et des méthodes de travail universitaires pourra souvent s'avérer déroutante pour ceux-ci.

LES ÉTUDES DE PSYCHOLOGIE DOIVENT CORRESPONDRE À UN PROJET PROFESSIONNEL

Anne-Sophie, diplômée de Paris V, nous résume les principales mises en garde et préconisations faites aux étudiants :
« Les études de psycho, ce n'est pas ce que vous croyez : il y a des statistiques, de la biologie, de l'anglais. Cela exige aussi une démarche clinique difficile du point de vue intellectuel et personnel. Les débouchés professionnels sont limités. Il n'y a pas de sélection au niveau du Deug mais à l'entrée en DESS. Ces études doivent correspondre à un projet professionnel ».

Les lignes qui suivent vous fourniront quelques éclaircissements à même de dissiper des idées reçues et d'apporter une vision plus précise des champs disciplinaires abordés au cours d'un cursus de psychologie.

Le cadre universitaire

Le cadre même de l'université nécessitera une série d'ajustements qui permettront une meilleure appréhension des contenus proposés.
Une année universitaire s'étend généralement de la mi-octobre à la fin mai, et comporte deux semestres distincts d'enseignements, avec leurs deux sessions d'examens respectives, en février et en juin.
Le calendrier universitaire comprend deux semaines de vacances à noël, une semaine en hiver, et deux autres au printemps (vacances de Pâques). Beaucoup d'universités aménagent également une « semaine de révision », sans enseignements, avant chacune des deux sessions d'examens.
Une année universitaire s'écoule donc assez rapidement, d'autant que le volume horaire en début de cursus demeure assez réduit (15 à 20 heures par semaine en Deug). Une raison supplémentaire pour ne pas perdre de temps et se mettre rapidement dans le bain.

Les enseignements sont dispensés sous forme de cours magistraux (CM), de travaux dirigés (TD), ainsi que plus rarement de travaux pratiques (TP). Les cours magistraux se suivent en amphithéâtres, aux côtés de plusieurs centaines d'étudiants, tandis que les travaux dirigés ont lieu en salle de classe, avec des effectifs beaucoup plus réduits, généralement moins de quarante étudiants.
Quant aux travaux pratiques, on pourra par exemple en rencontrer au cours des enseignements de biologie, et ils comporteront alors des manipulations rendant nécessaire une nouvelle réduction d'effectif, à 15 ou 20 étudiants le plus souvent.

Les contenus

L'Université dispense un enseignement théorique, à la fois diversifié et approfondi, permettant d'aborder les différents objets d'études d'une science. Cet enseignement regroupe l'étude d'auteurs, de courants théoriques, et l'initiation d'autres disciplines charnières.

Vous entendrez donc effectivement parler de Freud, et serez même vivement invités à lire ses ouvrages, mais vous serez surtout et bien davantage confrontés à de nombreux courants de la psychologie dont vous ignoriez parfois jusqu'à l'existence.

Enfin, et comme vous allez le découvrir dans les lignes qui suivent, les « sciences dures », mathématiques et biologie, ne sont pas absentes d'un parcours en sciences humaines et seront même amenées à tenir un rôle déterminant au sein du cursus de psychologie.

D'une façon générale, voici les disciplines qui vous seront enseignées lors de vos études de psychologie :

La psychologie clinique

Elle concerne l'étude approfondie des cas individuels, normaux ou pathologiques, dans le dessein de comprendre et d'expliquer le fonctionnement psychique humain, ses troubles et ses perturbations affectives.

La psychologie clinique a également pour objet les aspects psychologiques de la santé, ainsi que les implications psychologiques des maladies somatiques. Son approche est spécifique en ce qu'elle se centre sur l'individu, dans sa spécificité et sa singularité, au plus près de son fonctionnement, ce qui justifie son recours fréquent aux études de cas dans ses descriptions.
L'approche générale adoptée par la psychologie clinique est dite bio-psycho-sociale, car elle intègre différents niveaux de facteurs pouvant déclencher, accompagner ou modifier des troubles d'ordre psychique.

Les principaux outils de la psychologie clinique sont les entretiens et les bilans psychologiques, comprenant la passation de tests psychométriques et projectifs. Les praticiens peuvent également entreprendre des psychothérapies avec les patients qu'ils reçoivent en entretien.
Les enseignements de la psychologie clinique viseront essentiellement à familiariser l'étudiant avec les interrogations et théories de ce courant, qui s'est pour une grande part élaboré à partir du travail d'études de cas individuels. Ils portent également sur les méthodes (conduite d'un entretien, recueil d'observations...) et outils de cette discipline (administration, cotation et interprétation des tests).

L'ensemble de cette formation vise à l'acquisition par l'étudiant de bases pratiques concernant l'évaluation, l'orientation et l'intervention.

La psychopathologie

Elle occupe une zone frontière entre la psychiatrie et la psychologie par son objet d'étude, portant sur les troubles du comportement et de la personnalité.

La psychopathologie étudie les troubles psychiques, dans le but de les identifier, les définir et, autant que cela est possible, de les résoudre. Elle mène ainsi sa réflexion sur trois axes distincts de la maladie mentale : l'étiologie, la sémiologie, et la thérapeutique.

L'étiologie

L'étiologie est la science des causes. A partir des symptômes, et des données connues de l'histoire du sujet (appelées données anamnestiques), la psychopathologie délivre des considérations sur l'origine des troubles (ou des signes observés). Les hypothèses étiologiques qu'elle formule s'appliquent alors aux causes déclenchantes : « *qu'est-ce qui a déclenché l'apparition de tel signe ?* » ; ainsi qu'aux causes déterminantes : « *pourquoi ce sujet développe-t-il tel signe plutôt qu'un autre ?* »
La question des causes déterminantes est toujours beaucoup plus délicate car elle fait appel à une pluralité de facteurs. La surdétermination rend l'origine des troubles difficiles à identifier.
Exemple : un patient décompense[1] une schizophrénie, avec un ensemble de symptômes et de syndromes caractéristiques de cette pathologie. La question portant sur les causes déclenchantes deviendrait : « *qu'est-ce qui lui a fait révéler les symptômes de cette maladie ?* » (par exemple : une rupture affective). La question portant sur les causes déterminantes serait quant à elle : « *pourquoi est-il psychotique ?* » (plusieurs réponses possibles : raisons familiales, sociales, génétiques, biologiques, psychologiques...).

1. Décompenser : manifester un ensemble de troubles pathologiques jusqu'alors latents.

La sémiologie

La sémiologie est l'étude des signes : elle concerne l'étude des caractéristiques d'un sujet. Dans le domaine de la psychopathologie, il s'agit des symptômes et syndromes affectant un patient, à un moment donné, ainsi que ceux s'étant manifestés dans le passé, et trouvant un nouvel éclairage au jour de la récente décompensation.
La sémiologie est très souvent la partie la plus rigoureuse et la plus structurée d'une étude de cas. C'est elle qui va servir de fondement à la connaissance (l'auteur interprètera à partir de ce matériel recueilli et rapporté). Un tel recueil de signes permet d'organiser la connaissance sur la maladie d'un sujet, de la rendre comparable à d'autres troubles connus, afin de fournir en dernier lieu un diagnostic, qui constitue une interprétation à partir de signes relevés et organisés.

La thérapeutique

La thérapeutique propose des solutions ou des traitements applicables au sujet et à sa situation. Elle sera fonction du diagnostic en psychopathologie, c'est-à-dire de la nature du trouble identifié, en tenant compte des ressources et fragilités du sujet. Elle vise l'amélioration de l'état du patient, dans le respect de son intégrité physique et psychique.
Les traitements de la maladie mentale sont aujourd'hui très variés, de la prise en charge médicamenteuse à la psychothérapie, en passant par des formes moins communes telles le psychodrame[2] ou l'hypnose.

L'anamnèse[3], la sémiologie, l'étiologie et la thérapeutique constituent les temps majeurs de l'élaboration d'une étude de cas en psychopathologie. L'étudiant devra toujours être capable de bien les identifier, afin d'assurer un recueil et un traitement pertinents des données concernant un sujet.

---

2. Psychodrame : forme de thérapie visant à la mise en scène de situations au travers de jeux de rôle.
3. Anamnèse : recueil de données concernant l'histoire d'un sujet.

La psychologie développementale

La psychologie développementale étudie le développement et le comportement humain de la naissance à la vieillesse. Elle s'efforce d'identifier clairement et de décrire en phases successives les conduites caractéristiques de la petite enfance, de l'enfance, de l'adolescence, de l'âge adulte, jusqu'à la sénescence.

Il convient néanmoins de distinguer dans ce champ les trois domaines distincts que sont la psychologie du développement, la psychologie de l'enfant, et la psychologie génétique.

La psychologie du développement

Elle considère le développement comme l'histoire des changements dans la conduite d'un individu. A ce titre, elle a pour objectif l'analyse des mécanismes de ces changements et permet la réunification des savoirs offerts par la psychologie de l'enfant et la méthode de la psychologie génétique.

La psychologie de l'enfant

Elle vise à appréhender l'enfant dans sa globalité, donc au croisement de différents champs d'étude, du registre biologique, social et psychologique. Elle peut être envisagée à la fois comme une théorie et une pratique.

Sous l'angle d'une pratique, elle a pour objet d'étude l'enfant dans son milieu, tant dans ses comportements propres (premiers réflexes à la naissance) que dans ses interactions avec les éléments du monde extérieurs (étude des relations mère-enfant). On parle alors d'une psychologie appliquée, et elle possède ses méthodes et ses outils propres (examen psychologique de l'enfant, par exemple).

Sous l'angle d'une théorie, elle devient la recherche fondamentale sur l'enfant, dont l'étendue des connaissances, tout particulièrement chez le nourrisson, est actuellement en pleine extension. Cette recherche s'effectue généralement en laboratoire, auprès d'enfants accompagnés de leurs parents, ou à travers l'étude de films familiaux à des fins d'analyse rétrospective (cas des études sur l'autisme, par exemple).

La psychologie génétique

C'est un mode d'investigation qui ne se contente pas de décrire les traits typiques du comportement à tel âge, mais qui essaie d'en expliquer la genèse. Il s'agit de mettre en évidence le comment et le pourquoi des modifications successives du comportement au cours de la vie d'un être humain.
Elle induit dès lors un morcellement dans l'appréhension de l'enfant car elle s'applique aux différents niveaux que sont le développement moteur, social, intellectuel et affectif.

La psychologie expérimentale

C'est un domaine de la psychologie générale. Elle cherche à établir les lois universelles des processus cognitifs (sensations, perceptions, raisonnement, mémoire...) par le biais de la méthode expérimentale.

L'expérimentation vise à mettre à l'épreuve des hypothèses, qui tendent le plus souvent à établir des liens de causalité entre des événements internes ou externes à l'individu et le comportement de celui-ci.

Le but de la méthode expérimentale est donc de rendre possible l'établissement de relations de causalité entre des événements et, par la suite, de rendre possible la prédiction de l'apparition des événements. Les recherches en psychologie expérimentale s'effectuent donc essentiellement en laboratoire, afin de contrôler un maximum de variables au cours du processus exploratoire.

Aujourd'hui, la méthode expérimentale en laboratoire et sur le terrain domine largement la recherche en psychologie, notamment cognitive. La psychologie expérimentale ne constitue donc pas réellement un domaine particulier, mais concerne de fait toutes les branches de la psychologie recourant à sa méthode.

La psychologie différentielle

La psychologie différentielle est une sous-discipline de la psychologie qui s'attache à décrire les différences entre des individus, ou entre des groupes d'individus, et à expliquer ces différences. Comme la psychologie expérimentale, elle cherche donc à établir des lois.

Elle s'appuie essentiellement sur l'observation objective des différences relativement stables existant entre des individus ou des groupes d'individus dans leurs façons de se comporter. Elle utilise beaucoup les tests, afin d'objectiver différences et variations, et applique des analyses statistiques aux données recueillies.
Pratiquement tous les phénomènes étudiés par la psychologie ont fait l'objet d'une approche différentielle, même si l'intelligence et la personnalité en constituent les thèmes privilégiés.

Le premier niveau d'explication que la psychologie différentielle cherche à fournir porte sur les liens de causalité, en cherchant à mettre en évidence le réseau de relations qui relie entre elles les différences entre les comportements.
Le second niveau d'explication vise à tester la pertinence d'un modèle causal, permettant de démontrer que les différences observées dans tel ou tel comportement sont la résultante de variables dont on est en mesure d'évaluer les effets.

La psychologie cognitive

La psychologie cognitive n'est pas une science du comportement, mais porte sur l'étude des processus et des structures de la cognition[4]. Elle propose une modélisation des activités cognitives internes telles que la perception, la mémoire, le langage et les représentations.

La comparaison du cerveau humain avec un ordinateur sert de référence à l'élaboration et à la validation de ces modèles. La psychologie cognitive étudie les fonctions de connaissance aboutissant à des représentations mentales avec l'objectif d'en dégager des lois générales concernant le traitement, l'organisation et le stockage de l'information dans le cerveau humain.

Elle s'attache à découvrir les démarches utilisées par le sujet observé dans sa résolution d'une tâche, et à reconstituer les procédures mentales mises en œuvre au cours de ce travail.
Ses expérimentations sont donc très souvent menées en laboratoire, au cours d'expériences très contrôlées, et ses résultats intéressent aussi bien la psychologie générale que la neuropsychologie.

4. Cognition : ensemble de processus visant à la perception, au raisonnement et à la mémoire.

La psychologie cognitive a pris beaucoup d'ampleur ces dernières années, acquérant un statut privilégié à l'Université, au point qu'il existe dorénavant un cursus spécifique en sciences cognitives à partir du Deug.

La psychologie sociale

Elle a pour objet l'étude des rapports entre les individus au sein d'un groupe social, comme la foule, la famille ou l'entreprise. Elle tente également d'évaluer l'influence exercée par les groupes sociaux sur les fonctions psychologiques de l'individu, telles la mémoire, la perception ou la motivation.

La psychologie sociale assure un lien entre la sociologie et la psychologie, en se centrant sur l'individu dans son environnement social. Elle étudie l'interaction entre les variables psychiques et sociologiques.
Ses outils seront essentiellement des enquêtes et des sondages, ainsi que des entretiens, le plus souvent directifs ou semi-directifs, facilitant le recueil et l'analyse des données.

La psychologie du travail

Elle s'intéresse à tout ce qui concerne les rapports entre l'individu et son milieu professionnel. Elle se situe donc à la fois sur un plan individuel et groupal, tant au niveau de la personne qu'à celui de l'institution.

La psychologie du travail intervient à différents niveaux au sein de l'entreprise : elle sert au recrutement, à la formation et à la gestion des carrières. Elle apporte des connaissances dans l'organisation du travail et la communication, tout en jouant un rôle médiateur dans la résolution des conflits.
Elle vise dans tous les cas la meilleure adéquation possible entre les différents acteurs et facteurs en présence. Elle cherche à améliorer les conditions de travail, d'hygiène et de sécurité des travailleurs, tout en tenant compte des intérêts de l'entreprise.

L'ergonomie en constitue une branche spécifique et presque indépendante visant à développer à la fois la productivité et les bonnes conditions de travail.

L'ergonomie
Elle étudie de manière qualitative et quantitative l'acte productif dans l'entreprise afin d'en améliorer les conditions et la productivité. Le courant actuel analyse les conditions d'interaction entre l'homme et la machine, prenant en compte les importantes variations de l'environnement, dues par exemple aux incessantes évolutions techniques.

La psychophysiologie

Elle étudie les bases physiologiques des fonctions mentales (perception, langage, sommeil, rêve, motricité...). Elle comporte donc une étude approfondie de l'anatomie du système nerveux et du système endocrinien, depuis sa genèse *in utero* jusqu'à son fonctionnement adulte.

L'étude des structures impliquées dans les principales fonctions mentales, et des interactions entre celles-ci, permet également de saisir l'origine et l'étendue des perturbations produites dans la maladie mentale (dépression, schizophrénie...) ou lors de l'absorption d'un toxique.

Cette discipline appartient aux neurosciences, et jette un pont entre les sciences exactes et les sciences de l'homme. Son enseignement sera généralement dispensé dès le Deug et demandera un travail assez soutenu, tout particulièrement aux étudiants venant des classes littéraires.

La neuropsychologie

Elle établit des relations entre les processus nerveux et les structures psychiques. Ses applications sont nombreuses en psychopharmacologie, afin de comprendre par exemple le mode d'action des psychotropes, ou lors de rééducations.

La neuropsychologie évalue le fonctionnement du système nerveux central affectant la manière de penser, de sentir, de se comporter... Elle émet des hypothèses sur des liens entre phénomènes psychiques et physiologiques et partage ainsi certains de ses objets et résultats avec l'expérimentation cognitive.
C'est au moyen de la neuropsychologie que l'on dresse un état des ressources et défaillances psychologiques et comportementales qui sont reliées à la dysfonction neurologique d'un patient.

La statistique

L'analyse statistique s'articule autour d'un recueil et d'un traitement des données. Vous aurez très souvent à y recourir au fil de votre cursus, que cela soit en psychologie expérimentale ou différentielle, et il vous faudra donc dès le Deug vous accoutumer à cette discipline.

Ce champ d'étude, appartenant à la mathématique, se présente davantage comme un outil que comme une théorie, et permet de tirer des lois et des invariants à partir de données extraites de l'expérience.
Il s'agira donc de maîtriser différentes formules et échelles de mesure, afin d'établir des relations statistiques et de calculer des inférences statistiques. Les distributions des données pourront être clarifiées et interprétées au sein de représentations graphiques ou numériques, tandis que les probabilités et les tests d'hypothèse permettront de travailler sur le matériel recueilli.

L'anglais

La langue anglaise fera l'objet d'un enseignement dès le Deug, qui se poursuivra parfois jusqu'en maîtrise. L'essentiel des communications et des recherches se faisant sous forme de publications en anglais, vous devrez être à même de lire en anglais, et d'assurer la synthèse d'articles ayant trait aux objets de la psychologie.

L'anglais dispensé à l'Université reprend plus ou moins le niveau de celui d'un cours de première langue en terminale. Certaines universités, comme Paris V, dispensent dès la première année des cours magistraux en anglais, ce qui pourra demander un effort supplémentaire aux étudiants mal à l'aise dans la compréhension de cette langue.

Pourquoi la psychologie ?

Certaines matières nouvelles vous passionneront d'emblée, d'autres vous apparaîtront obscures ou rébarbatives. L'aspect très général du Deug rebutera beaucoup d'étudiants venus vers la psychologie avec une idée précise.

C'est souvent une démarche très personnelle qui conduit une personne à vouloir devenir psychologue et celle-ci pourra se trouver déçue du fait d'attentes élevées ou décalées. Un certain nombre d'étudiants annonce ainsi vouloir étudier la psychologie afin d'avancer dans la connaissance de soi, ou de résoudre des difficultés d'ordre affectif.
La psychologie leur « parle », selon leurs propres termes, et ils espèrent trouver des réponses à des situations douloureuses dont ils portent le poids et la conscience. Cette démarche est intéressante, compréhensible, mais souvent peu judicieuse.

Etre conscient de ce qui vous attire dans un cursus, dans une profession, est une chance, et un atout pour reconnaître ses capacités et ses limites. Accepter d'être remis en cause et modifier certaines de ses conceptions au fil des apprentissages est généralement l'une des grandes forces de l'individu curieux et disponible. Mais aucun étudiant ne peut légitimement attendre d'une formation à la psychologie qu'elle prenne en charge ses propres difficultés psychiques. Il est infiniment plus recommandable de se tourner vers un thérapeute compétent, qui pourra accompagner les interrogations nées de la confrontation au savoir psychologique, et se centrer entièrement sur une souffrance et un vécu individuel.

Un grand nombre d'enseignants, particulièrement dans le champ de la psychopathologie clinique, conseille aux futurs psychologues d'avoir effectué un travail sur eux-mêmes avant de s'engager dans l'exercice d'une telle profession. Il apparaît toujours enrichissant de travailler sur soi, ses résistances et ses fragilités, lorsque l'on désire exercer un métier au chevet de la douleur et des difficultés d'autrui.

Le Bapu (Bureau d'aide psychologique universitaire) propose des prises en charges gratuites aux étudiants désirant commencer une psychothérapie, ou se rendre à une consultation dans un but d'orientation ou de bilan de compétences. Les frais sont pris en charge sur présentation d'une attestation de sécurité sociale étudiante.

Quelques chiffres

Les étudiants en psychologie sont en très grande majorité des étudiantes, avec 88 % de femmes. Les titulaires d'un Bac L représentent un tiers des inscrits, soit une proportion importante, mais pas aussi lourde que l'on aurait pu l'attendre.

Il existe chaque année un grand nombre d'étudiants venus « échouer » en psychologie par défaut, sans avoir d'idée ou de désir clair concernant leur orientation. Les étudiants en psychologie ne sont en fait qu'un tiers à porter en eux le projet de devenir psychologue.

Les UFR de psychologie reçoivent un public assez hétérogène, et d'une hétérogénéité croissante à mesure que l'on avance dans le cursus. De jeunes bacheliers bien sûr, mais aussi des mères de famille, des retraités, des professionnels du secteur de la santé et du domaine socio-éducatif souhaitant compléter leur formation... Aujourd'hui, ce sont quelque 35 000 psychologues qui exercent en France.

2. Se donner toutes les chances de réussir

S'habituer au milieu universitaire ne sera pas forcément chose facile. Mieux vaut dès le début vous donner toutes les chances de réussir, en travaillant avec méthode et efficacité. Le détail des contenus et exigences de chaque diplôme du cursus de psychologie est donc précédé de conseils d'ordre général afin de faciliter votre intégration dès le début de votre formation.

L'autonomie à l'Université

Dans le milieu universitaire, vous ne trouverez pas de contrôle des présences (sauf exceptions), et jamais d'interrogation surprise pour vérifier si vous avez bien lu le livre qui vous est recommandé ! Vous existez sur une liste administrative, qui vous permet d'assister à des cours et de passer des examens, rien de plus. C'est à vous de décider d'exister autrement, pour valoriser votre formation. Prenez-vous en charge dès le début de l'année, soyez organisé, et ne vous laissez pas gagner par l'impression de facilité que donne parfois la légèreté de votre emploi du temps.

Aller en cours

Même sans obligation d'assiduité ! Il est toujours beaucoup plus long et difficile de rattraper un cours (sur un copain, un bouquin...) que d'y assister.
Sauf exceptions et contraintes de la vie étudiante (un travail, un enfant...), pas de raison de sécher un cours. Les emplois du temps sont légers en Deug (15 à 20 heures d'enseignement par semaine, parfois moins), même s'ils sont parfois mal aménagés.
Lorsqu'ils deviendront plus conséquents dès la licence et la maîtrise, il faudra toujours se rendre autant que possible dans les amphithéâtres, d'autant que les périodes les plus chargées en enseignements déboucheront sur des « espaces libres », vacances ou semaines de révision, qu'il faudra mettre à profit autrement qu'en rattrapant les cours manqués.

Rendez-vous donc aux TD (travaux dirigés) et aux CM (cours magistraux), et rentabilisez ce temps. L'attention un peu flottante souvent pratiquée au lycée ne pourra plus suffire.
Une fois en cours, optimisez votre présence en prenant des notes et en posant des questions. Ne notez jamais ce que vous ne comprenez pas, et ne quittez pas un cours avec la sensation de n'y avoir rien saisi.
Allez interroger le professeur, quitte à lui faire seulement entendre votre malaise, et reprenez vos notes à l'aide d'un livre, d'un manuel, ou aux côtés d'un étudiant à qui la matière paraît moins obscure et moins étrangère.

La prise de note seule n'est pas suffisante à l'Université. C'est d'ailleurs ce qui justifie en partie la légèreté de votre emploi du temps. Il vous faudra impérativement fournir un important travail personnel en plus de votre assiduité aux enseignements.

Compléter l'enseignement par des lectures et des recherches documentaires

C'est indispensable à la réussite d'une année universitaire, et cela facilite l'intégration des concepts abordés en cours.
Vous pouvez par exemple exceller dans l'apprentissage des concepts freudiens, mais IL FAUT d'autre part que vous ayez lu des écrits de Sigmund Freud. Parcourir l'ouvrage d'un auteur permet de se familiariser avec son écriture, sa manière d'aborder des concepts et sa méthodologie. C'est approcher la connaissance à la source même où elle s'est élaborée.

Les bibliographies fournies par les enseignants doivent être utilisées comme des guides, présentant une sélection des œuvres de référence, pour approfondir des notions qui vous paraissent floues ou difficiles, et pour enrichir des notes lacunaires ou mal comprises.
Vous devez donc très vite vous familiariser avec votre bibliothèque universitaire, et apprendre à la fréquenter régulièrement et utilement. Beaucoup d'ouvrages sont empruntables, les autres sont consultables sur place, et les enseignants s'efforcent de ne glisser dans vos bibliographies que des notices correspondant à des ouvrages dont l'accès est aisé.

Lisez dans les transports, souvent longs, qui vous mènent à l'université, lisez aux intercours, exploitez les moments perdus qui seront dès lors gagnés, comme autant de points vous rapprochant de l'obtention du diplôme.
Il faut rester motivé, même si des matières déplaisent, même si on ne fait pas tout de suite ce que l'on voudrait faire. La spécialisation vient progressivement, en licence, puis en maîtrise, ou encore au travers de concours d'accès parallèle, tel celui de l'IUFM.

Le Deug possède une généralité qui rappelle parfois à certains leurs années de lycée : il peut être vécu comme rébarbatif du fait de son approche globale et fondamentale, mais il permet ainsi des réorientations vers d'autres disciplines en cours de Deug (à l'intersemestre, en fin de première année, ou à l'obtention du diplôme), et fournit une connaissance de base sur des notions et domaines qui ne seront peut-être plus jamais abordés.
Il faut vous accrocher. Trop d'étudiants échouent au Deug, l'obtiennent en trois ans ou ne l'obtiennent pas du tout, abandonnant souvent sans avoir construit un projet de réorientation. Trop encore se découragent devant les programmes plus chargés de licence et de maîtrise, et face à l'évolution des méthodologies.

Ne vous laissez pas abattre par des contenus ou des méthodologies dont vous ne parvenez pas à vous saisir. Et même si cela peut sembler paradoxal, travaillez davantage les matières qui vous ennuient. Ne séchez pas le cours le plus rébarbatif à vos yeux : c'est celui-là qui vous posera problème à l'examen. Assistez aux cours difficiles et faites-vous aider au besoin.

Ne lâchez pas prise, même si vous voulez vous réorienter : vos résultats compteront toujours et seront compensables et capitalisables. On ne travaille jamais pour rien ! Par contre, on peut apprendre à travailler plus efficacement.
Encore une fois, ne pas hésiter à poser des questions et à demander de l'aide. Il existe dans la plupart des universités un système de tutorat pour accompagner les étudiants de Deug de première année, et quelquefois aussi de deuxième année. Suivant des modalités différant selon les universités, des enseignants et/ou des étudiants plus avancés guident les nouveaux inscrits et les aident à affronter les problèmes concrets qu'ils rencontrent lors de leur entrée à l'Université.

La prise de notes

La prise de notes conditionne beaucoup le comportement à l'examen. Si on a noté avec l'impression de ne rien comprendre, même en révisant avec acharnement, on risque de rester « à côté » de la matière, incapable de s'en saisir, et donc de fournir une copie blanche. Si on a intégré quelque chose, que l'on est capable de le restituer à sa façon, de le structurer, on agira de même à l'examen.
Il faut donc tout mettre en œuvre pour ne pas rester de l'autre côté du miroir, et pour se saisir d'un enseignement même s'il vous paraît difficile, voire inaccessible (les statistiques et la biologie ont fréquemment ce statut auprès des étudiants).

La prise de notes constitue l'une des difficultés majeures lors de l'entrée à l'Université. D'une façon générale, il faut :

Ecouter avant de noter : c'est-à-dire, dans l'idéal, avoir compris et intégré quelque chose du discours de l'enseignant avant de le retranscrire, à votre manière, et avec vos mots. Tâchez de rester attentif, ce qui est souvent plus facile en TD qu'en CM, en suivant le déroulement du discours de l'enseignant.

Repérer les idées fortes, les mots-clés, les concepts : ce sont eux qui doivent impérativement apparaître dans vos notes. L'enseignant insiste sur ces concepts, les distingue ou les définit, puis articule la connaissance autour d'eux.

Prendre les définitions : il faut prendre les définitions dans leur intégralité, autant que possible, en utilisant au besoin des abréviations. Même si vous avez saisi la signification d'un terme, posséder sa définition vous permettra d'en conserver une description précise qui le distinguera d'autres termes au sens approchant.

Utiliser la structure de la feuille : la feuille de papier servant de support à la prise de notes doit être exploitée de façon à rendre l'information dans toute sa cohérence. Pour distinguer les parties, les termes importants, les renvois, vous pouvez employer selon vos affinités des couleurs, des retraits, des feutres marqueurs, etc. Ne pas hésiter à souligner, à encadrer, pour une relecture plus claire et plus efficace.

L'essentiel, quelle que soit la forme employée, est de structurer la connaissance. En donnant une cohérence au contenu, à votre façon, vous l'intègrerez plus facilement et vous saurez mieux le restituer au moment de l'examen.

Vous pouvez pratiquer un exercice très simple quelques jours avant un examen, pour vérifier que vous avez suffisamment intégré la matière sur laquelle vous allez être interrogés : choisissez au hasard une partie de votre cours déjà apprise et remettez-la à quelqu'un qui ne la connaît pas. Tâchez alors de lui expliquer de quoi il s'agit, en étant aussi clair et structuré que possible, pour que votre ami puisse comprendre quelque chose qui lui est étranger. On n'est jamais si sûr de posséder une connaissance que quand on peut à son tour en faire l'enseignement à un autre.

L'idée de base est qu'il faut avoir retenu quelque chose d'une matière, c'est-à-dire avoir quelque chose à en dire, en s'attachant aux principaux concepts et à la structuration de la connaissance.

Les examens

Ils se tiennent en deux sessions, à l'issue de chaque semestre (soit en janvier/février, puis en mai/juin). Une session de rattrapage est organisée début septembre pour repasser les examens non réussis lors des sessions précédentes.
Les notes obtenues dans les modules ou UE (Unités d'enseignement) sont généralement compensables et capitalisables. Par exemple, un 12/20 compense un 8/20 ; l'objectif étant d'obtenir la moyenne générale pour valider son année. Pour certains diplômes, et en fonction des universités, les notes se compensent à l'intérieur d'un même module, mais pas entre modules.

De nombreuses universités proposent un passage en année « conditionnelle », lorsque vous avez manqué quelques UE, et que ce ne sont pas (seulement) les plus importantes. Une deuxième année de Deug conditionnelle, une licence ou une maîtrise conditionnelle signifient que vous accédez à l'année supérieure avec un peu plus de cours à suivre : vous suivez à nouveau les enseignements non acquis, et vous repasserez ces UE manquées en même temps que celles portant sur vos nouveaux enseignements, au moment des examens.

Habitués des antisèches et des devoirs recopiés, attention ! Vous n'êtes plus au lycée. La fraude à l'Université est rendue pratiquement impossible du fait des dispositifs mis en place durant les examens, et surtout, elle est sévèrement punie. Tout étudiant surpris en train de tricher (de quelle que manière que ce soit) durant un examen est passible d'une peine de 5 ans d'interdiction d'examens universitaires ! C'est-à-dire 5 ans avant de pouvoir reprendre des études universitaires, et tenter d'obtenir un diplôme, quel qu'il soit.

3. Le parcours universitaire

Le Deug de psychologie

Le Deug de psychologie est avant tout un Deug SHS (sciences humaines et sociales) proposant, en plus des enseignements majoritaires de psychologie, un important nombre d'heures consacrées à l'étude d'autres disciplines. Il offre à l'étudiant une approche des fondements de ces disciplines, et une familiarisation aux principaux concepts articulant la connaissance dans leurs différents domaines.

L'intégration et la maîtrise de ces concepts, à l'issue du diplôme de Deug de psychologie, permettent d'accéder à un niveau de savoir, à la fois spécifique aux objets et méthodes de la psychologie, et suffisamment général pour demeurer ouvert sur l'ensemble des sciences humaines.

L'intérêt d'un tel Deug réside donc en grande partie dans sa pluridisciplinarité, en fournissant à l'étudiant une initiation aux concepts fondamentaux de la psychologie, et de plusieurs autres disciplines intéressant également ses objets.

L'élaboration et la mise à l'épreuve des concepts de la psychologie demeurent bien souvent indissociables de celles d'autres concepts issus de la philosophie, de la sociologie, de la linguistique ou de la biologie. Ce Deug prend également appui sur les méthodologies de la statistique.
L'étudiant entreprenant un Deug de psychologie accède à une initiation aux objets et méthodes en sciences humaines, organisées autour de la naissance de la psychologie comme une science, de son émergence et de son individualisation des autres sciences, et des différents domaines qui font sa richesse et sa spécificité.

Un Deug de psychologie peut constituer une passerelle vers d'autres orientations en sciences humaines (en licence de sciences de l'éducation, par exemple, comme c'est couramment le cas pour des étudiants désirant accéder à l'IUFM), ou bien fournir une formation et une maturation supplémentaire à certains étudiants voulant intégrer des instituts de formation à la profession d'orthophoniste ou de travailleur social.

Un Deug ne sert pas à rien, contrairement à l'idée reçue. Il y a beaucoup de façon de valoriser cette formation même si l'on ne décide pas de poursuivre le cursus de psychologie plus avant. Les contenus du Deug de psychologie vont être exposés dans les lignes qui suivent, en insistant sur l'aspect pluridisciplinaire de ce premier diplôme universitaire.

La pluridisciplinarité

Voilà bien souvent, et malheureusement car elle ne devrait pas en être une, la plus grande déception des nouveaux étudiants en psychologie.
Lassés de la généralité du lycée, fatigués de « traîner » derrière eux des matières qui leur déplaisent, ils se réjouissent d'atteindre enfin l'enseignement supérieur, lieu de la spécialisation tant attendue.

Le Deug de psychologie couvre des champs disciplinaires très larges, parfois très différents, mais pas nécessairement hétérogènes. Il aborde non seulement différents domaines de la psychologie, mais aussi des méthodes et concepts de la sociologie, de la philosophie, de la linguistique, de la mathématique et de la biologie. Sans oublier l'indispensable langue anglaise, travaillée pour permettre une lecture naturelle des publications internationales. Pour beaucoup d'étudiants, surtout les passionnés, ceux qui savent ce qu'ils veulent, c'est très démotivant : ils se demandent combien de temps il leur faudra patienter avant d'accéder aux enseignements dont ils rêvent.

Il y a deux grands éléments de réponse à ces déconvenues. D'abord, rien n'empêche de découvrir par soi-même, au travers de lectures ou en assistant à des amphithéâtres de licence et de maîtrise, le domaine bien particulier de la psychologie qui vous passionne et vous a mené jusqu'ici. Vous trouverez toujours un enseignant de la discipline concerné heureux de vous indiquer un ouvrage à votre portée.
Ensuite, il faut absolument considérer cette pluridisciplinarité comme une chance. Toutes ces matières que vous découvrez vous sont peut-être enseignées pour la première et la dernière fois. Plus de sociologie en maîtrise, à moins que l'on ait choisi psychologie sociale, et plus de sciences cognitives au programme lorsqu'on s'est spécialisé dans la psychopathologie clinique. Il faut donc être familiarisé avec tous les objets et courants de la psychologie, ainsi qu'avec les disciplines annexes avec lesquelles elle interagit. Au fur

et à mesure de votre avancée dans le Deug, vous trouverez des ponts entre les enseignements. Chaque concept viendra en éclairer un autre, et la formation vous apparaîtra sans doute plus pertinente.

Voici un aperçu indicatif du volume horaire de l'enseignement de Deug, permettant d'évaluer l'espace accordé à chaque discipline.

Volume horaire et disciplines

Le premier cycle de psychologie dure deux années et comporte un minimum de 800 heures d'enseignement dont un tiers au moins est consacré à des TD.

Derrière un même intitulé, se cachent un certain nombre de contenus différents, variant selon chaque université. L'orientation dans un Deug plutôt qu'un autre est donc plus importante qu'il n'y paraît, d'autant qu'il est très difficile, voire impossible, de changer d'université en cours de Deug.

Certaines universités affichent clairement leurs orientations : tendance expérimentale à Paris V, clinique à Paris VII, psychanalytique à Paris VIII, neurosciences à Aix-Marseille, même s'il faut se garder de toute classification forcément réductrice.

Renseignez-vous au préalable sur l'orientation majeure des universités, et tâchez d'intégrer celle qui vous convient dès le Deug, même si c'est un parcours du combattant pour les nouveaux bacheliers sectorisés d'office par le système Ravel.

Un exemple de la répartition des enseignements : le Deug sciences humaines et sociales de l'université Paris V

L'université Paris V René Descartes propose trois mentions au sein de son Deug SHS, permettant ainsi à tout étudiant inscrit administrativement et pédagogiquement de valider un Deug de psychologie, un Deug de sociologie, ou un Deug de sciences du langage.

Le Deug est composé d'Unités d'enseignement (UE) qui sont semestrielles, compensables (les notes obtenues dans les différentes UE se compensent pour le calcul de la moyenne de l'année), et capitalisables (les notes supérieures à la moyenne sont conservées en cas de redoublement ou de reprise ultérieure des études).

Les UE proposées sont de trois ordres : des UE fondamentales (concernant les enseignements directement liés à la mention du Deug), les UE générales (concernant les enseignements liés à la

culture générale et à la méthodologie du travail universitaire), et les UE optionnelles (concernant un champ d'étude particulier, au sein d'une spécialité).
Les UE fondamentales et générales sont affectées d'un coefficient de 2, alors que les UE optionnelles reçoivent un coefficient 1.

LA DISTRIBUTION DES ENSEIGNEMENTS DU DEUG SHS MENTION PSYCHOLOGIE DE PARIS V

- Première année : volume horaire : 390 heures.

UE dispensées : psychologie clinique (30 h), psychologie du développement (30 h), psychologie expérimentale (24 h), psychopathologie (30 h), psychologie sociale (30 h), statistique (24 h), psychophysiologie (30 h), psychologie différentielle (30 h).
Ces UE fondamentales sont réparties au cours des deux semestres de la première année de Deug.
Les UE générales sont distribuées comme suit : méthodologie du travail universitaire (30 h), culture générale et expression (48 h), méthode de travail universitaire, enseignement délivré en langue anglaise (24 h).
Enfin, une UE découverte (60 h) permet de découvrir une autre discipline du Deug SHS (telle la sociologie ou la linguistique), et l'étudiant doit choisir deux UE optionnelles dans la liste proposée (14 UE au choix pour l'année universitaire 2002-2003).

- Deuxième année : volume horaire : 426 heures.

UE dispensées : psychologie clinique (42 h), psychopathologie (42 h), psychologie du développement (42 h), psychophysiologie (42 h), psychologie expérimentale (48 h), statistique (30 h), psychologie sociale (42 h), psychologie différentielle (42 h).
Les deux UE optionnelles reçoivent chacune 48 h, soit 84 h en tout, réparties sur les deux semestres.

La lutte contre l'échec

Le Deug de sciences humaines et sociales mention psychologie est ouvert à tous les bacheliers. Les bacheliers scientifiques peuvent s'y sentir avantagés du fait de la présence des enseignements de biologie et de statistique, mais des capacités de synthèse et d'analyse de texte propres aux littéraires y sont également requises.

Devant le taux très important d'échec en Deug (autour de 50 %, voire davantage) de nombreuses universités ont mis en place un

système de tutorat, facultatif ou obligatoire. Des enseignants et des étudiants plus avancés y accompagnent les nouveaux inscrits en Deug dans leur découverte du cadre et des méthodologies universitaires.
Avoir un tuteur qui déchiffre pour vous les inconnues et vous aide à organiser votre travail est un atout précieux, dont aucun étudiant ne devrait se priver s'il lui est proposé. Ces tutorats sont généralement en place durant la première année, et quelquefois aussi au cours de la deuxième année.

Il faut tenter d'être moins anonyme et moins seul à l'université pour mieux se saisir des opportunités qu'elle offre. Travaillez à plusieurs les matières difficiles, éclairez-vous les uns les autres selon vos affinités avec les enseignements, et n'hésitez jamais à interroger un professeur lorsque vous n'avez pas compris ou qu'il vous manque une information.

Des associations étudiantes sont présentes dans toutes les universités et assistent souvent très efficacement les étudiants ayant des difficultés avec l'administration ou même avec certains contenus. Certaines proposent par exemple les annales des examens des sessions précédentes, quelquefois même avec leur corrigé, ce qui permet une bonne préparation aux examens.

La licence de psychologie

Une fois passée l'étape difficile du Deug, la licence apporte de nouveaux enjeux. Le plaisir d'accéder à une spécialisation tant attendue, et à un diplôme de second cycle beaucoup plus qualifiant, mais aussi le poids d'une charge de travail plus importante, avec la nécessaire mise en place de nouvelles méthodes de travail et une sélection accrue par les sciences.

L'entrée en deuxième cycle
L'accès à la licence, c'est aussi la croisée des chemins vers les métiers de la psychologie. C'est la découverte de nouveaux contenus, d'une nouvelle façon de travailler, et d'enjeux d'orientation qui se précisent parfois plus tôt qu'on ne les attendait.

Une fois à bac + 2, bien des réorientations sont possibles dans les sciences humaines et sociales, voire même dans des disciplines moins voisines de la psychologie. La préparation d'une entrée en deuxième cycle universitaire sera souvent déterminante pour l'accès en troisième cycle ou la présentation de concours tels l'IUFM.

Quels seront les enjeux d'une licence de psychologie, quelles options choisir, et quelle stratégie adopter pour intégrer au plus vite les nouveaux impératifs ?
Telles sont les principales questions des étudiants, et les pages qui suivent vont tâcher d'y apporter quelques éléments de réponse. Parmi les certitudes, il y a celle-ci : lorsqu'on se destine au métier de psychologue, il n'est pas trop tôt, au sortir du Deug, pour s'intéresser au déroulement de l'ensemble du cursus, et opérer dès cette étape des choix en fonction de la maîtrise et du DESS (ou du DEA) que l'on souhaite intégrer.

UNE ANNÉE SURPRENANTE PENDANT LAQUELLE IL FAUT S'ACCROCHER

Laurent, qui redouble sa licence à l'université de Grenoble, nous donne son avis partagé par de nombreux étudiants : « *Il y a un énorme fossé entre le Deug et l'année de licence. On nous demande beaucoup plus de travail personnel et le programme de neurosciences est très lourd.* »
Ainsi Katia, 21 ans, en année de licence à Paris V, cède à la panique : « *Je n'aurai pas ma licence, physiquement et moralement, je n'y arriverai pas ! Il y a trop de choses nouvelles dans le programme, pas grand-chose à voir avec ce que j'ai fait en Deug.* » affirme-t-elle. « *Et puis la psycho expérimentale, ça ne me branche pas. Toute une année, je sature ! J'ai passé un Deug de rêve et quand je suis arrivée en licence, le choc ! D'ailleurs, un étudiant sur deux dégage, complètement désemparé [...] Sans parler des conditions de travail avec des amphis archibondés, bonjour la concentration ! Les TD pourraient nous permettre de raccrocher un peu, mais ils sont trop courts. Et puis, on ne sait pas où on va, on étudie les fonctions de la personnalité, sans tenir compte de la nôtre [...] Je veux devenir psychologue, donc je vais m'accrocher, peut-être redoubler mais dans une autre fac, une fac où l'approche serait un peu moins scientifique. Ce ne sera pas facile à trouver.* »

Certains étudiants, loin de partager cette insatisfaction, se montrent plus à l'aise avec les enseignements de psychologie expérimentale. C'est le cas de Pierre, 22 ans, en licence, également à Paris V : « *C'est vrai, les cours sont hyper théoriques, mais riches et précis. On acquiert des bases fondamentales, un véritable matériel intellectuel [...] En psychologie expérimentale, tout est sans cesse remis en question, tout doit passer par l'expérimentation scientifique, la validation des hypothèses. En fait, la vocation de l'Université a toujours été celle de donner naissance à des chercheurs ! Moi, les cours, en licence, vraiment... ça m'intéresse ! »*

Le début de la spécialisation

La licence de psychologie marque le début de la spécialisation, en proposant des contenus moins généraux et en offrant parfois l'occasion d'une pré-orientation au sein d'une dominante.

L'étude des autres sciences humaines, telles la philosophie, la sociologie ou la linguistique disparaît du contenu des enseignements de licence. L'ensemble des champs disciplinaires, introduits en Deug, se réduit à présent à la psychologie, complétée d'apprentissages de plus en plus spécifiques de biologie et de statistique.

Les contenus tendent vers une plus grande précision, une plus grande cohérence, et une interdépendance grandissante. Les recoupements entre les différents enseignements sont plus fréquents et plus aisés à opérer. C'est le moment où certains étudiants vont commencer à trouver de l'intérêt à des matières qui leur paraissaient jusque-là obscures du fait de leur généralité. En biologie par exemple, les enseignements s'articulent plus directement avec des réalités psychologiques, ou revêtent un aspect concret qui les rend plus attrayantes. L'étude de la psychopharmacologie fait souvent partie de ces nouveaux contenus, et fournit une connaissance de base en pharmacologie psychiatrique qui permet de réaliser l'influence de certains traitements sur les malades.

Le contenu d'une licence de psychologie sera susceptible d'importantes variations d'une université à une autre. S'orienter, et se spécialiser, lors du passage en deuxième cycle pourra aussi signifier choisir le diplôme le plus adapté au cursus que l'on souhaite effectuer. Il faut pour cela s'informer dès la fin du Deug sur les modalités de transferts inter-universités.

UN EXEMPLE DE LA RÉPARTITION DES ENSEIGNEMENTS : LA LICENCE DE PSYCHOLOGIE DE L'UNIVERSITÉ PARIS V

Le volume horaire est nettement plus conséquent qu'en Deug : 443 heures d'enseignements effectivement dispensés, plus 75 heures de travail personnel dans le cadre du TER (Travail d'étude et de recherche), soit en tout 518 heures sur l'année.
Cette licence comporte 8 UE, elles-mêmes subdivisées en ECUE (élément constitutif d'unité d'enseignement). La part de la biologie et de la statistique y apparaît nettement plus conséquente.

Les enseignements sont répartis comme suit : psychologie cognitive (50 h), développement sociocognitif et cognition sociale (50 h), conduites humaines et vie psychique, correspondant à un enseignement de psychopathologie (50 h), neuro-psycho-pharmacologie (20 h), neurobiologie du développement et génétique (20 h), du réflexe à la programmation (20 h), neurophysiologie cognitive (20 h), physiologie sensorielle (20 h), et 2 ECUE d'analyse des données (33 h + 42 h).
Trois UE spécifiques rejoignent ces enseignements : 1 UE de méthode et pratique professionnelle de la psychologie (50 h), 1 UE optionnelle (50 h) à choisir au sein d'une liste proposée, et 1 UE TER (Travail d'étude et de recherche) (18 h + 75 h) constituant une première initiation à la recherche.

L'intérêt du stage

Un stage en licence de psychologie n'est pas obligatoire dans toutes les universités. Il ne deviendra parfois impératif qu'au niveau de la maîtrise, où sa durée et quelquefois son terrain seront imposés. Néanmoins, on ne saurait trop recommander aux étudiants de faire des stages, aussi nombreux et aussi diversifiés que possible.

Le véritable écueil de la formation universitaire se situe sur le plan de l'insertion professionnelle, et les occasions de mettre en pratique des enseignements théoriques demeurent toujours trop rares.
Il faut faire des stages, même s'ils sont difficiles (voire très difficiles) à obtenir, et presque jamais rémunérés. En vous confrontant à une réalité de terrain, vous pourrez mettre à l'épreuve les représentations que vous vous êtes forgées de ce métier, et avoir la confirmation de votre intérêt ou au contraire vous réorienter. Beaucoup d'étudiants sont, par exemple, désorientés par leur première expérience en psychiatrie, et vont s'intéresser rapidement à d'autres formes d'exercice de la psychologie.

Une autre très bonne raison de faire des stages : pensez aux contacts que vous aurez avec les professionnels. Entretenez ces contacts car ils vous permettront de trouver un emploi rapidement une fois diplômés.

La licence constitue donc un très bon moment pour commencer à effectuer des stages, qui seront appelés « stages de perfectionnement » s'ils ne sont pas obligatoires. De nombreuses universités possèdent un bureau des stages, accompagnant vos démarches de recherche et fournissant parfois un répertoire d'adresses accueillant des stagiaires.

Dans le cas d'un stage obligatoire, la rédaction d'un rapport de stage vous sera très souvent demandée. Il est de toute façon conseillé de prendre beaucoup de notes sur vos expériences professionnelles, pour en garder une trace vive et posséder un matériel éventuellement exploitable lors d'un travail de recherche.

La maîtrise de psychologie

Une année déterminante pour l'orientation

Le choix de la maîtrise est déterminant pour l'orientation future en troisième cycle. L'intitulé de celle-ci précisera votre spécialisation dans l'un des domaines de la psychologie, spécialisation qui pourra alors se poursuivre au sein d'un DESS ou d'un DEA.

Il existe de nombreuses maîtrises de psychologie, donnant accès à des DESS tous différents. Voici un aperçu des spécialisations offertes en maîtrise, débouchant très souvent sur des DESS aux intitulés éponymes :

• psychologie mention développement cognitif (Caen) ;
• psychologie mention psychologie clinique (Chambéry, Grenoble II, Paris V, Paris VIII) ;
• psychologie mention psychologie du développement (Bordeaux II, Paris I, Paris V, Paris VIII, Strasbourg I) ;
• psychologie mention psychologie expérimentale (Aix-Marseille I, Bordeaux II, Nice, Paris V) ;
• psychologie mention psychologie différentielle (Aix-Marseille I, Paris V) ;
• psychologie mention psychologie informatique (Paris V) ;

• psychologie mention psychologie cognitive (Chambéry, Grenoble II) ;
• psychologie mention psychologie expérimentale et cognitive (Reims, Strasbourg I) ;
• psychologie mention psychologie génétique (Aix-Marseille I, Nice, Paris X) ;
• psychologie mention psychologie pathologique (Aix-Marseille I, Nice, Paris V, Paris VIII) ;
• psychologie mention psychologie clinique et pathologique (Bordeaux II, Caen, Fédération universitaire polytechnique de Lille-FULP, Paris X, Strasbourg I) ;
• psychologie mention psychologie sociale (Aix-Marseille I, Bordeaux II, Caen, Chambéry, Grenoble II, Nice, Paris V, Paris X, Paris XIII, Reims) ;
• psychologie mention psychologie sociale et du travail (FULP, Strasbourg I, Paris X) ;
• sciences cognitives (Lyon II, Strasbourg I).

L'année de maîtrise de psychologie est une année lourde en charge de travail, que certains étudiants choisiront d'effectuer sur deux ans, consacrant par exemple une année au suivi et à la validation des enseignements, puis la suivante au stage et à la rédaction du mémoire de recherche.

UN EXEMPLE DE LA RÉPARTITION DES ENSEIGNEMENTS : LA MAÎTRISE DE PSYCHOLOGIE À PARIS V

Au sein de l'université Paris V René Descartes, toutes les maîtrises de psychologie, quel que soit leur intitulé, ont un volume horaire de 500 heures.

La formation comporte en tout 8 UE, dont 3 UE thématiques, pouvant être sous-disciplinaires, ou de champ professionnel.
Parmi les UE sous-disciplinaires sont proposées : psychologie clinique, psychologie du développement, psychologie différentielle, psychologie expérimentale, psychopathologie, et psychologie sociale. Chacune de ces sous-disciplines possède des enseignements spécifiques parmi lesquels l'étudiant devra faire son choix. Au sein des UE de champ professionnel se trouvent les trois dimensions : éducation et formation, santé, et travail et vie sociale.
Chaque UE est composée d'1 à 3 enseignements de 25 heures chacun, obligatoires ou optionnels, sauf dans le cas de la statistique et du suivi de recherche.

Aux côtés de ces UE thématiques, sont rendues obligatoires 1 UE de neurosciences, 1 UE intitulée « Projet personnel », 2 UE de recueil et traitement des données (75 h au total), et enfin 1 UE de TER (Travail d'étude et de recherche) (175 h).

Le TER, avec 175 heures, correspond donc bien à la plus lourde charge au cours de l'année de maîtrise. A Paris V, pour les TER de psychologie clinique, de psychopathologie, et de santé, le TER est associé avec la validation, en plus du mémoire, d'un enseignement d'entretien clinique et de supervision de stage.

Pour ce qui est des modalités de stages, l'université Paris V réclame, pour la psychologie clinique et la psychopathologie, un stage d'une durée de 50 demi-journées. Pour pouvoir être candidat au DESS de psychopathologie clinique, il faut en outre avoir eu une expérience avec des adultes et avec des enfants, ou bien compléter l'expérience manquante par un stage approprié en DESS.

L'importance du stage

Le stage de maîtrise est obligatoire et d'une grande importance car il constitue une expérience professionnalisante et très souvent le terrain d'investigations venant nourrir le mémoire de recherche.

Certaines universités (par exemple Paris V) rendent obligatoire un stage en psychiatrie adulte au cours du cursus, quelle que soit l'orientation choisie par l'étudiant. La durée des stages est également variable. Souvent imposée par l'Université, elle représentera de toute façon un lourd volume horaire dans votre emploi du temps.

Le plus souvent, il s'agit d'une ou deux journées de stage par semaine, tout au long de l'année universitaire. Dès la licence, il vous faudra commencer à chercher un lieu de stage, et multiplier les démarches.

Quelquefois, il est autorisé d'effectuer le stage obligatoire d'une seule traite, pendant les vacances universitaires ou le mois de septembre précédant l'entrée en maîtrise. Ce système possède ses avantages et ses inconvénients, et est plutôt réservé aux stages facultatifs : en assurant une immersion continue dans le milieu professionnel, ce type de stage fournit une expérience très différente et souvent plus impliquante. Néanmoins, son caractère ponctuel et réduit ne convient que difficilement à la conduite d'une première recherche, dont l'élaboration risque de se poursuivre tout au long de l'année universitaire.

L'idéal est bien sûr de pouvoir réaliser le plus grand nombre de stages, tant dans leur forme que dans leur nature, au fil de l'ensemble de votre cursus de psychologie. La diversification des stages est la clé d'une insertion professionnelle facilitée, et d'un regard plus clair et plus riche sur les savoirs qui vous sont dispensés à l'Université.

La rédaction d'un rapport de stage, indépendant de votre mémoire de recherche, sera généralement exigée. Celui-ci devra montrer votre regard sur la profession de psychologue, sur le fonctionnement de l'institution qui vous a accueillie, sur les problématiques rencontrées en tenant compte des questions d'éthique.
Le stage de maîtrise est parfois encadré au sein d'un module d'insertion professionnelle, qui offre un lieu d'échange et d'élaboration aux étudiants confrontés à certaines réalités de leur future profession.

Une initiation à la recherche

L'une des principales caractéristiques de l'année de maîtrise de psychologie est de fournir une importante initiation à la recherche. Celle-ci comporte un travail bibliographique, le recueil de données concrètes sur le terrain, le suivi d'un enseignement auprès d'un directeur de recherche rassemblant plusieurs étudiants autour d'un même thème, et la rédaction d'un mémoire de recherche.
La soutenance orale de ce mémoire devant jury servira à la validation du diplôme, en plus des examens habituels portant sur les matières enseignées. La note obtenue au mémoire est souvent déterminante pour l'orientation en troisième cycle, et celui-ci doit donc recevoir un soin tout particulier : souvent, la mention assez bien ou bien est requise selon les universités ainsi que l'obtention du diplôme en juin (se renseigner auprès de chaque université). Se reporter à la partie concernant le troisième cycle.
Attention à ne pas se laisser prendre de court. L'élaboration et la rédaction d'un tel travail prennent souvent plus de temps qu'on ne l'aurait imaginé.
Le travail bibliographique servant de sous-bassement théorique à la recherche peut être initié très tôt si des contraintes de terrain

amènent à différer de quelques semaines le recueil des données sur le terrain.

Pensez à la faisabilité de votre étude ! Certains sujets suscitent l'enthousiasme mais s'avèrent trop pointus ou trop lourds pour faire l'objet d'une simple recherche de maîtrise. Soyez modeste dans vos objectifs, et rigoureux dans vos méthodologies. Il faut toujours avoir pensé les modalités et la finalité d'un recueil de données avant d'initier celui-ci.

L'enseignement particulier au cours duquel votre directeur de recherche développe le thème d'étude auquel vous vous êtes attachés sera précieux tant dans l'élaboration méthodologique que conceptuelle de votre travail. N'hésitez pas à poser des questions, et remettez-lui régulièrement des parties déjà rédigées afin qu'il vous conseille.

Cette initiation à la recherche permet aux étudiants, souhaitant s'orienter ultérieurement en DESS, de posséder une connaissance sur la conduite d'un travail de recherche, tâche qui ne leur sera peut-être plus demandée par la suite.
Elle fournit également aux étudiants attirés par le DEA un aperçu des méthodologies de la recherche qui leur permet de mieux appréhender les implications d'un doctorat, et de confronter leurs aspirations à ce premier temps d'une investigation.

Le troisième cycle

L'accès en troisième cycle est la condition *sine qua non* pour porter le titre de psychologue. La sélection des étudiants s'effectue entre l'année de maîtrise et celle de DESS ou de DEA. Les étudiants aux résultats insuffisants devront se réorienter vers une autre profession.

Le titre de psychologue ne peut normalement être porté que par les titulaires d'un DESS de psychologie, ou d'un DEA de psychologie assorti d'un stage validé de 70 journées. Dans un cadre très particulier, néanmoins, les psychologues scolaires peuvent prétendre à ce titre avec une licence de psychologie, s'ils ont réussi à intégrer l'IUFM et ont déjà plus de deux années d'enseignement à leur actif.

Quelques chiffres

L'admission en DESS est de plus en plus sélective : chaque année quelque 10 000 candidats se présentent aux 2 600 places offertes en DESS.

Le DESS le plus fréquent est celui de psychologie clinique et pathologique. Proposé dans 25 universités, il est visé par deux tiers des étudiants qui privilégient la clinique depuis le début de leur cursus.
A titre d'exemple, l'université Paris V a formé à elle seule, durant l'année 1999-2000, 181 étudiants en DESS de psychologie clinique et pathologique, et pas moins de 495 candidats s'étaient présentés.

La sélection

Elle s'effectuera sur les résultats aux examens de février et de juin, mais également sur la note obtenue au mémoire de recherche et sur la qualité du stage réalisé.

Sur le plan des résultats aux examens, il faut viser des mentions. Certaines universités ne reçoivent par exemple votre candidature extérieure que si vous avez au minimum une mention assez bien à l'ensemble de votre maîtrise.
De bons résultats auront surtout du poids dans les UE fondamentales, tandis qu'un échec en UE optionnelle aura des conséquences moindres qu'au sein de ces dernières.
Attention aux stratégies des étudiants qui, craignant d'être insuffisamment préparés pour la session d'examen de juin, ne se présentent qu'en septembre afin de ne pas risquer de valider une UE avec un résultat médiocre. Il vaut toujours mieux se donner deux chances, une en juin et une en septembre, surtout que beaucoup de candidatures parallèles ne sont possibles que si la maîtrise a été obtenue dès juin.

Si une maîtrise apparaît vraiment trop chargée pour être réussie, mieux vaut anticiper et l'effectuer sur deux ans. Dans le cas d'une maîtrise validée avec des résultats très moyens (le désavantage de la compensation entre UE), il reste toujours la solution de s'inscrire l'année suivante dans une autre maîtrise, à l'intitulé différent, en espérant mieux réussir et accéder à un DESS.

Pour le mémoire de recherche, une mention et une soutenance dès juin sont également très souhaitables, surtout pour les candidatures dans les universités extérieures à celle où vous préparez votre diplôme (une mention bien obtenue à la première session peut, par exemple, être demandée).

En ce qui concerne le stage, la cohérence de votre terrain avec votre orientation, la qualité des missions qui vous auront été confiées, et les appréciations délivrées par vos superviseurs, pourront avoir une grande importance dans la sélection de votre dossier.
La note obtenue lors de la soutenance de votre rapport de stage sera éventuellement prise en compte. Malheureusement, sauf exceptions, on ne s'attachera pas aux compétences professionnelles que vous aurez manifestées lors de vos expériences sur le terrain.

UNE SÉLECTION TROP TARDIVE ?

Françoise Caron, maître de conférences à l'université de Provence : *« Cette sélection, spécifique au cursus, est obligatoire compte tenu des faibles capacités d'absorption du marché de l'emploi. Mais, c'est un scandale qu'elle intervienne si tard, parce qu'elle fait perdre un temps considérable aux étudiants qui, en fin de quatrième année, vont devoir se recycler »*. Beaucoup choisissent alors des formations proches : éducateur, assistant social, orthophoniste...

Cette dure réalité de la sélection se retrouve également dans les propos des étudiants.

UNE SÉLECTION TRÈS RUDE

Céline : *« Mon rêve, c'était de travailler avec des enfants autistes. Quand je me suis inscrite en fac de psycho, les profs nous ont prévenus : pour parvenir jusqu'au DESS, la sélection est rude. Je me suis accrochée, mais, en dépit de mes efforts, ma moyenne en fin de maîtrise ne dépassait pas 11/20. Adieu le DESS. Tout mon joli plan de carrière s'est effondré. J'ai dû me réorienter. »*

DESS ou DEA ?

Il s'agit d'une orientation déterminante pour votre projet professionnel, et la réflexion à son sujet devra s'être amorcée avant l'année de maîtrise.
Il est souvent plus facile d'intégrer un DEA qu'un DESS, mais cela ne signifie pas pour autant que celui-ci soit un « sous-diplôme ». Ce sont en fait des formations tout à fait différentes.

Le DESS constitue un tremplin vers la professionnalisation. Il vous apportera un savoir concret et des possibilités d'insertion. Cependant, rien ne vous empêche d'effectuer un DEA après l'obtention du DESS, et donc de prolonger vos études.

Le DEA est *a priori* un engagement vers des études longues, pouvant déboucher sur une thèse et l'intégration d'un laboratoire de recherche. Néanmoins, ici aussi, rien n'empêche de travailler immédiatement après l'obtention d'un DEA, dès l'instant où celui-ci a bien été assorti d'un stage conférant le titre de psychologue.

Aucune orientation n'est donc en soi « irrattrapable » ou mésestimable. Il s'agit bien davantage de cerner un projet professionnel, et une méthodologie de travail, avant de choisir l'une ou l'autre de ces deux options.

Le DESS représente une formation très assistée, très suivie, dans laquelle l'étudiant doit faire ses preuves auprès de pratiquants et d'enseignants.
Le DEA, en revanche, offre à l'étudiant une très grande indépendance, qui pourra être vécue comme libératrice ou angoissante, selon les individus et leurs attentes.
Les secrétariats pédagogiques et les associations étudiantes pourront vous renseigner et faciliter vos décisions et vos démarches de candidatures. Dans tous les cas, et comme c'est généralement la règle à l'Université, il faut s'y prendre tôt.

Afin de vous fournir un aperçu de la richesse des formations et des champs d'exercice, voici quelques exemples de spécialités plus rares que celles de la psychologie clinique ou de l'enfant, avec leurs débouchés professionnels.

DESS :

• bilan de compétences : travail en cabinet de recrutement (Tours) ;
• ergonomie : étude des rapports entre hommes et machines (Aix-Marseille I, Paris V, VIII, Rouen) ;
• éthologie appliquée : étude des comportements animaux (Paris XIII) ;
• géronto-psychologie : travail en maison de retraite (Lyon II, Nice, Toulouse II) ;
• neuropsychopharmacologie et toxicomanies : soutien aux toxicomanes en sevrage (Bordeaux II) ;
• psychologie clinique de la famille et des groupes en situation de crise : psychologie familiale, médiation sociale dans les quartiers difficiles (Nice) ;
• psychologie de l'environnement : aménagement de quartiers avec des urbanistes (Paris V) ;
• psychologie interculturelle : aide aux populations immigrées (Toulouse II) ;
• psychologie du travail et nouvelles technologies : adaptation de la psychologie du travail aux évolutions du marché de l'emploi (Metz, Nancy II) ;
• sciences du jeu : comprendre les processus ludiques, enrayer la dépendance au jeu (Paris XIII).

DEA :

• psychologie et pédagogie de la musique : réinsertion des handicapés mentaux par la musique (Paris IV) ;
• psychologie du sport : travail avec des entraîneurs sportifs de haut niveau (Caen, Nantes, Paris XI, Rennes II, Rouen) ;
• ergonomie : étude des rapports entre hommes et machines (Toulouse II) ;
• neurosciences : rééducation des traumatisés crâniens (Aix-Marseille I, II, III, Nancy I, Strasbourg I).

Le DESS : vers la professionnalisation

Le DESS est le diplôme clé de l'accès au métier de psychologue. Il marque la fin de votre cursus, au travers d'une spécialisation, dans la continuité de celle de la maîtrise, et d'un stage, sanctionné la plupart du temps par un rapport ou un mémoire, constituant le principal tremplin vers la professionnalisation.

Ce diplôme a pour objectif de faire acquérir à l'étudiant des connaissances professionnelles théoriques et pratiques adaptées aux exigences de l'exercice de la profession de psychologue.
Il se déroule sur un an, et laisse une large place au stage professionnel, d'une durée de trois mois environ, qui donnera lieu à la rédaction d'un mémoire de stage.

Attention : tous les DESS ne permettent pas d'obtenir le titre de psychologue ! Ce n'est pas parce qu'un DESS a trait à la psychologie qu'il se révélera qualifiant pour autant. Il convient donc de vérifier auprès du ministère de l'Education nationale si ce diplôme est bien reconnu par l'Etat, et s'il donne accès au titre de psychologue.

UN EXEMPLE DE LA RÉPARTITION DES ENSEIGNEMENTS : LE DESS DE PSYCHOLOGIE CLINIQUE ET PATHOLOGIQUE

L'enseignement théorique se compose d'un tronc commun de quatre sections obligatoires, comprenant : psychopathologie de l'adulte (3 h par semaine), psychopathologie de l'enfant et de l'adolescent (3 h par semaine), entretien clinique (1 h 30 par semaine), et préparation à la vie professionnelle (3 h 30 par semaine).
Suivent deux sections méthodologiques et deux sections spécialisées à choisir parmi différentes possibilités, pour un volume horaire total allant de 10 à 12 heures par semaine.

Le stage représente 12 heures par semaine durant toute l'année universitaire, et est assorti d'une supervision de stage sous la forme de travaux dirigés animés par des psychologues cliniciens, universitaires et/ou praticiens. Ce stage donne lieu à la rédaction d'un rapport de stage.

Le contrôle des connaissances s'effectue sous la forme d'épreuves écrites validées lors des examens, et, à la différence du reste du cursus, les notes ne sont pas compensables entre les différentes sections. Il est donc indispensable d'avoir au moins la moyenne dans chaque section pour être titulaire du DESS.

Le DEA : vers la recherche et l'enseignement

Le choix d'une orientation en DEA lors du troisième cycle a des implications très différentes de celles contenues dans le choix d'un DESS, tant au niveau de la durée des études que des perspectives professionnelles.

Un DEA peut s'effectuer directement à la suite d'une maîtrise, comme un DESS, ou bien après l'obtention d'un DESS, alors que l'étudiant a déjà acquis le titre de psychologue. Dans le cas d'une orientation dès la maîtrise, un DEA devra être complété d'un stage de 70 journées, avec soutenance d'un rapport de stage devant jury, afin de délivrer également le titre de psychologue.
La liste de l'ensemble des DEA de psychologie de France reconnus par le ministère de l'Education nationale vous est proposée en annexe.

Les contenus du DEA sont très différents de ceux dispensés en DESS. Le DEA propose un approfondissement des méthodologies de la recherche en vue de la conduite d'une thèse de doctorat.
Il comporte généralement 10 à 15 heures d'enseignements théoriques par semaine, répartis sur l'ensemble de l'année universitaire. Ces enseignements donnent lieu à des examens aux sessions habituelles de fin de semestre, et leurs résultats viennent compléter celui du mémoire de recherche qui constitue la tâche principale d'un diplôme de DEA.

L'année de DEA fournit en effet l'occasion de conduire une petite recherche, et d'en rendre compte au sein d'un écrit qui montrera votre maîtrise des méthodologies et concepts enseignés. Ce mémoire constitue souvent une préparation à la thèse, et offre aux étudiants, désirant approfondir un thème précis au cours d'un doctorat, la possibilité d'évaluer la faisabilité de leur recherche.

La nature des enseignements dispensés en DEA dépend bien sûr de leur intitulé, ceux-ci s'avérant souvent d'une grande spécificité. La liste des DEA existants est présentée dans les annexes, et vous donne une idée du nombre et de la diversité de ces formations.
Il existe néanmoins un invariant qui est celui du séminaire de

recherche, auquel vous assisterez avec un nombre très réduit d'étudiants (la plupart du temps moins de 10), et qui vous permettra de faire avancer votre mémoire en présentant vos développements à votre directeur de recherche.

Le DEA étant un diplôme, on peut se contenter de l'obtenir sans poursuivre un travail de thèse. C'est une solution choisie par certains étudiants jeunes diplômés du DESS qui souhaitent prolonger un peu leur formation avant d'entrer dans la vie active.
Un tel diplôme constitue de toute façon un plus dans la formation : il fournit un bagage de connaissances sur les méthodologies de la recherche qui pourra se révéler très utile.
Mais, sa fonction première est d'être une incontournable porte d'entrée vers la thèse. Celle-ci pourra constituer un prolongement et un développement du travail de recherche commencé en DEA, ou encore porter sur un sujet tout à fait différent.

La thèse
La thèse effraye ou fascine, et paraît toujours lointaine à l'étudiant amorçant son cursus de psychologie. C'est une véritable recherche, aussi bien pratique que bibliographique, que le doctorant doit concevoir, conduire, développer et finalement défendre.
C'est un travail de longue haleine, qui réclame des temps de maturation et un processus d'élaboration continu. Il nécessite une grande autonomie, indépendance à la fois synonyme de plaisir et de contrainte pour le chercheur.

Un doctorat s'effectue généralement en trois années, et délivre, après soutenance devant un jury, un titre de Docteur en psychologie. Il n'est pas rare qu'une thèse mette quatre ou cinq ans avant d'être soutenue, surtout lorsque l'étudiant exerce dans le même temps une activité professionnelle.
Attention à tous ceux qui ont le désir de réaliser une thèse tout en travaillant : une réforme du doctorat a instauré depuis quelques années des **cours obligatoires** durant la conduction de la recherche.

UN EXEMPLE DE LA RÉPARTITION DES ENSEIGNEMENTS : L'ÉCOLE DOCTORALE DE L'UNIVERSITÉ PARIS V

En DEA, l'étudiant doit suivre 12 modules pour un volume horaire total de 150 heures.
Parmi ces 12 modules, 8 doivent être choisis au sein des enseignements proposés par le DEA dans lequel il est inscrit, et seront effectués de préférence au cours du premier semestre. Les quatre autres modules seront choisis au sein des propositions faites par chaque DEA, et leurs enseignements devront être suivis de préférence durant le second semestre.
Un mémoire de recherche devra être réalisé durant cette année, impliquant également l'assiduité à un séminaire de recherche et de nombreuses heures de travail personnel.
L'ensemble de ces modules donne lieu à la passation d'examens et à une validation chiffrée pour l'obtention du diplôme.

La thèse : l'étudiant admis à poursuivre son travail en thèse devra poursuivre sa formation en choisissant 6 modules proposés par son école doctorale (ou une autre école doctorale après accord).
Cette formation comporte notamment un module d'insertion professionnelle, permettant à l'étudiant de prendre contact avec le monde du travail en réalisant un stage dans un milieu différent de l'Université ou des organismes de recherche.

Sont dispensés de ce module : les étudiants ayant effectué un stage dans le cadre du DESS, les étudiants exerçant un emploi de psychologie, les allocataires moniteurs et les chargés de TD ayant effectué 192 heures d'enseignements équivalents, et les étudiants ayant obtenu une bourse Cifre ou de tout autre organisme qui impose un travail en entreprise.
Parmi les cinq autres modules, trois au minimum doivent être consacrés à la poursuite de la formation scientifique, les deux autres pouvant être consacrés à des initiatives personnelles (présentation d'un poster dans le cadre de la journée scientifique de l'école doctorale, stage à l'étranger, animation de la recherche, ...).

La validation de ces modules s'effectue sur la seule assiduité. Chaque responsable doit donc attester par écrit de la participation de l'étudiant à son enseignement. L'étudiant fournira, pour chacun des 6 modules, une preuve écrite au secrétariat afin que ceux-ci lui soient comptabilisés pour l'autorisation de soutenance de la thèse.

La question d'un financement possible pour la thèse est des plus cruciales, tant elle détermine souvent l'avenir d'un tel projet. Quelques solutions existent et doivent être exploitées...

Les bourses privées : différents organismes privés délivrent des bourses de DEA et de thèse à certaines recherches portant sur des thèmes précis. Les appels à candidature se font souvent par voie d'affichage dans les secrétariats des universités, mais n'hésitez pas à vous renseigner ! La Fondation de France et la Fondation Mustela délivrent par exemple chaque année des bourses à des étudiants menant des recherches sur l'enfance.

L'allocation de recherche : c'est la solution idéale lorsqu'on désire rester intégré au système universitaire. Chaque année après l'obtention des DEA, une commission se réunit pour attribuer des allocations de recherche aux étudiants en ayant fait la demande.
Pour postuler, il faut avoir moins de 25 ans (moins de 30 ans sur dérogation), être de nationalité française (!), et bien sûr, avoir eu de bons résultats au DEA et un projet qui tienne la route pour la thèse.
Si elle vous est accordée, cette allocation de recherche représente un salaire tous les mois pendant trois ans, quatre ans sur demande spéciale de prolongation. Au 1er juin 2003, le montant net de cette allocation était de 1 190,17 euros bruts.
Seule vraie difficulté de cet avantage, votre contrat comprend une clause d'exclusivité qui vous interdit d'exercer une autre activité rémunérée afin de vous concentrer uniquement sur la conduite de votre recherche. Difficile dans certains cas de joindre les deux bouts avec ce seul salaire.
Le monitorat, qui n'est accordé qu'aux seuls allocataires de recherche, peut alors constituer une solution agréable, même s'il entraîne une importante charge de travail supplémentaire.

Le monitorat : le monitorat consiste, durant trois ans, en une initiation à l'enseignement supérieur, visant à former des étudiants qui pourront être maîtres de conférences une fois leur doctorat obtenu. Il s'agit de dispenser quelques heures d'enseignement par semaine (84 heures par an), en travaux dirigés (TD) le plus souvent, et de remplir certains des engagements d'un titulaire, comme la surveillance des examens, la correction des copies ou la participation aux jurys de délibération.
Etre moniteur signifie également suivre les formations du CIES (Centre d'initiation à l'enseignement supérieur), à raison d'une douzaine de conférences durant deux ans, qui permettent un apprentissage et une interrogation autour des pratiques pédago-

giques. Lors de la troisième année de monitorat, la rédaction d'un rapport sur vos activités vous sera demandée tandis qu'aucune conférence n'est obligatoire.

Le montant de la rémunération du monitorat vient s'ajouter à celui de l'allocation de recherche. Il était au 1er juin 2003 de 335,39 euros bruts.

Un monitorat dure tant que dure l'allocation de recherche. Si la thèse n'est pas achevée à l'issue des trois années habituellement accordées, il est possible de postuler à un poste d'ATER (Attaché temporaire d'enseignement et de recherche).

Les débouchés professionnels

Une fois titulaire d'un doctorat, un étudiant peut prétendre à la profession d'enseignant-chercheur au sein du laboratoire d'une université. Il dispensera des enseignements correspondant à ses domaines de spécialisation et participera aux travaux du laboratoire aux côtés de ses collègues.

Le poste d'ATER est le plus souvent attribué au jeune docteur n'ayant pas encore été nommé maître de conférences. D'une durée d'un an, et renouvelable une fois, il peut être exercé à plein-temps ou à mi-temps.
Au 1er juin 2003, la rémunération d'un ATER à plein-temps était de 1 911,37 euros bruts, et de 1 346,65 euros bruts à mi-temps.

Dès l'obtention du doctorat, le jeune diplômé désirant devenir maître de conférences doit s'inscrire sur une liste nationale de qualification. Lorsqu'il n'a pas été préalablement moniteur, le maître de conférences nouvellement nommé possède d'abord un statut de stagiaire durant un an, avant d'être réellement titularisé.
La rémunération d'un maître de conférences se distribue comme suit (valeurs exprimées en euros bruts) :
- en cours de stage : 1 644 ;
- à l'issue du stage et en début de carrière : 1 947 ;
- en fin de carrière : 3 491.

Une fois maître de conférences, il est également possible d'accéder au titre de professeur des universités au travers de la conduite et de la soutenance d'une habilitation à diriger des recherches.

Un professeur des universités est rémunéré comme suit (en euros bruts) :
• début de carrière : 2 384 ;
• fin de carrière : 4 786.

Les ATER, les maîtres de conférences et les professeurs des universités, perçoivent tous une prime de recherche et d'enseignement supérieur, s'élevant pour l'année 2002-2003 à 1 168 euros bruts.

4. Continuer, compléter, spécialiser sa formation après l'Université

Une fois votre diplôme de troisième cycle obtenu, vous n'avez pourtant pas fini la formation. Vous avez déjà un bon bagage, solidifié par les différents stages, mais il reste une grande part à apprendre ! Loin de concerner seulement les jeunes diplômés, cet adage vaut pour tous les praticiens. La psychologie est une science humaine jeune, et nous découvrons et théorisons chaque jour de nouvelles données.

C'est pourquoi tout au long de votre pratique, il faudra vous tenir au courant de l'actualité de la profession, des techniques diverses et variées, des découvertes scientifiques en psychologie, etc. C'est un devoir vis-à-vis des personnes qui vous consulteront et vis-à-vis de la profession (sans parler du devoir vis-à-vis de vous-même !). Ainsi, le code de déontologie des psychologues notifie clairement ce devoir dans le titre I (Principes généraux, compétences) : « *le psychologue tient ses compétences de connaissances théoriques régulièrement à jour, d'une formation continue à discerner son implication personnelle dans la compréhension d'autrui.* »

Avant tout : se connaître soi-même

Il y a une question qu'il faut se poser rapidement avant même de finir l'université : « *Pourquoi est-ce que je veux devenir psychologue ?* » En effet, il est bon de savoir ce qu'on recherche en voulant travailler dans ce domaine. Souvent, les personnes intéressées par la psychologie ont été sensibilisées dans leur histoire aux relations interpersonnelles. En outre, elles cherchent parfois à répondre à des questions personnelles ou bien à soigner un mal être.
Or, dans la mesure du possible, il vaut mieux comprendre une partie de sa problématique avant de devenir psychologue et ne pas utiliser le métier dans ce but. Car, pour aider l'autre, il faut lui être disponible psychologiquement.

Ainsi, il faut savoir ce qui vient de soi et ce qui vient de l'autre. Pour cela, il faut une bonne connaissance de son fonctionnement psychique afin d'analyser ses propres projections sur autrui.

Il est donc très conseillé, surtout à ceux qui se destinent à travailler dans le domaine de la psychologie clinique, de faire un travail sur soi. Vous pouvez bien sûr le commencer pendant vos études. Cela vous permettra de gagner du temps en vous préparant psychologiquement à accueillir ceux qui viendront vous consulter lorsque vous débuterez.
Vous pouvez commencer par un travail psychothérapique en face à face ou entamer une psychanalyse. Ce choix se fera avec l'aide du praticien que vous consulterez.

Pour trouver un psychanalyste, vous pouvez vous adresser aux sociétés psychanalytiques, telles que la Société psychanalytique de Paris (SPP) ou l'Association psychanalytique de France (APF).

DES ÉTUDES DE PSYCHOLOGIE À LA PSYCHANALYSE

« J'ai commencé une psychanalyse en maîtrise. J'aurai voulu commencer avant mais je ne me sentais pas prêt. Pour trouver un psychanalyste, j'ai appelé la Société psychanalytique de Paris et j'ai demandé qu'on m'envoie une liste des psychanalystes inscrits à la SPP exerçant à Paris. Je préférais que ce soit un homme. J'en ai donc choisi un, dont le cabinet était dans l'arrondissement que je voulais. Il faut bien choisir d'une façon ou d'une autre ! J'ai pris rendez-vous, le courant est bien passé et me voilà parti dans le grand voyage de l'analyse ! »
(Sébastien, 29 ans)

▶ **Contacts :**
• SPP. 87, rue Saint Jacques, 75005 Paris. Tél. : 01 43 29 66 70.
E-mail : institut@spp.asso.fr
• APF. 24, place Dauphine, 75001 Paris. Tél. : 01 43 29 85 11.

Compléter sa formation théorique

Pour compléter votre formation théorique, vous avez plusieurs moyens à votre disposition. Si vous avez un emploi, sachez que vous pouvez demander à votre employeur une formation continue, financée par l'institution dans laquelle vous travaillez. En règle générale, les institutions prévoient une part de leur budget pour la formation continue de leurs employés. N'hésitez donc pas à demander. Néanmoins, cette formation devra être en lien avec votre activité au sein de l'établissement et devra vous servir dans votre pratique quotidienne.

Si vous n'avez pas d'emploi, vous avez d'autres possibilités, plus ou moins onéreuses. Toutefois, une formation bien choisie est toujours un investissement pour votre pratique.

La lecture de magazines et ouvrages

Nous vous conseillons de lire les magasines professionnels (*Journal de psychologues*, *Carnetpsy*...). Ils contiennent des articles sur les découvertes, des témoignages de psychologues travaillant dans différents domaines (clinique, enfance, entreprise...). Cela peut vous aider dans votre pratique. De même, la lecture des livres concernant la profession devrait être poursuivie.

Les séminaires et conférences

Il existe un bon moyen de se former régulièrement : il s'agit d'assister à des séminaires ou à des conférences. Vous en trouverez dans tous les domaines, de l'entreprise à la clinique de l'adulte et de l'enfant. Le prix varie mais certaines conférences sont ouvertes gratuitement au public. Les conférences permettent de vous tenir au courant des thèmes de réflexion actuels.

Dans le domaine de la clinique, sachez que certains hôpitaux (comme l'hôpital Sainte-Anne) dispensent, gratuitement, de façon régulière, des séminaires sur un thème annuel, discuté par un ou plusieurs professionnels de la psychiatrie. Certains de ces séminaires sont organisés et animés par des membres de la Société psychanalytique de Paris (SPP). Il s'agit d'un enseignement de grande qualité et facile d'accès : une chance à saisir pour ceux que cela intéresse.

Les Diplômes universitaires (DU)

Les Diplômes universitaires sont des enseignements spécialisés proposés après le troisième cycle (DESS ou DEA). Cette formation dure en général deux ans et dispense un diplôme n'ayant pas de valeur nationale mais locale. Toutefois, c'est un bon moyen d'élargir ses connaissances dans un domaine précis. Chaque université offre différents DU, selon ses centres d'intérêts et sa spécialité. Ainsi, votre besoin professionnel ou simplement votre désir d'apprendre orienteront votre choix. Voici quelques exemples de DU proposés : DU en psychologie projective, en psychosomatique, en problématiques addictives, en criminologie, en ressources humaines, en alcoologie, en gérontologie, en ergonomie, en psychologie sociale, etc.

Vous trouverez une liste de DU par université sur cette page du web : www.psychologue.fr/du.php

Les horaires sont souvent aménageables et peuvent être combinés avec une pratique professionnelle.

Etudier à l'étranger

Grâce à des programmes d'échanges universitaires (Erasmus, programmes interuniversitaires), il est possible de partir étudier à l'étranger. Vous pouvez choisir de partir pendant votre cursus ou après, par vos propres moyens.

Il peut être intéressant d'aller voir dans un autre pays la façon dont on étudie et envisage la psychologie. En effet, chaque pays favorise un type particulier de courant de pensée. Par exemple en Angleterre, la pratique des techniques comportementalistes est dominante. C'est pourquoi il est très enrichissant d'aller voir ce qui se passe de l'autre côté de la Manche ou de l'Atlantique.

Les pays francophones, comme la Belgique ou le Canada (Québec) offrent l'avantage d'une facilité de langage. En effet, dans ce métier il est essentiel de comprendre la moindre nuance de langage pour pratiquer.

En Belgique, vous trouverez quatre universités francophones accueillant des étudiants en psychologie :
• Université catholique de Louvain (UCL). Faculté de psychologie. Voie Roman Pays. B-1348 Louvain-la Neuve.
• Université de Bruxelles (ULB). Faculté de psychologie. Avenue F.D. Roosevelt 50/CP 1222. B-1050 Bruxelles.
• Université de Liège. Faculté de psychologie. Boulevard du Rectorat 5/32 Sart Tirman. B-4000 Liège.
• Université Mons-Hainaut. Faculté de psychologie. Place du parc 18. B-7000 Mons.

Pour ceux qui veulent faire tout leur cursus à l'étranger, il est bon de savoir qu'il n'existe pas, pour l'instant, d'équivalence entre les diplômes des pays européens. Vous devrez donc obtenir un DESS ou un DEA pour travailler en France à votre retour. De même, les étrangers ayant un diplôme de psychologue dans leur pays doivent repasser le DESS en France.

Compléter sa formation pratique

Les formations à la psychothérapie

Attention ! Le titre de psychothérapeute n'est pas protégé, ce qui signifie que n'importe quelle personne peut se prétendre psychothérapeute. Toutefois, les différentes autorités de la profession travaillent pour établir un titre de psychothérapeute avec une formation précise.

Comment choisir ?

On observe une prolifération des psychothérapies depuis quelques années. Il en existe une multitude plus ou moins connues et reconnues. Le Syndicat national de praticiens en psychothérapie (SNPpsy) ainsi que l'Association fédérative française des organismes de psychothérapie (AFFOP) et la Fédération française de psychothérapie (FFdP) tentent d'organiser et d'en répertorier un certain nombre.

Avant de vous lancer dans une formation à un type de psychothérapie, il faut vous renseigner sur son fondement, son postulat, ses techniques. Peut-être aurez-vous aperçu au cours de vos stages la pratique de certaines techniques psychothérapiques, et cela vous aura donné envie de vous former. Sinon, essayez de lire des informations et de discuter avec des professionnels autour de vous. Réfléchissez à ce qui vous convient.

▶ **Contacts :**
• Syndicat national de praticiens en psychothérapie (SNPpsy). 77, rue des Archives, 75003 Paris. Tél. : 01 44 54 32 00. Internet : www.snppsy.org

• Association fédérative française des organismes de psychothérapie (AFFOP). 6, rue Beauregard, 75002 Paris. Tél. : 01 42 36 91 84. Internet : www.affop.org
• Fédération française de psychothérapie (FFdP). 2 bis, rue Scheffer, 75116 Paris. Tél. : 01 44 05 95 50.

INFORMATIONS PRATIQUES

Pour être agréé par le SNPpsy, vous devez :
• être passé par un processus de formation en sciences humaines et en psychologie (par ses pairs ou diplômes), apte à créer une compétence de praticien ;
• avoir une pratique établie ;
• participer à un système de contrôle ou de supervision ;
• respecter la déontologie fixée par la charte SNPpsy.

Il existe donc de nombreuses formations aux différentes psychothérapies. Pour savoir laquelle choisir, vous pouvez vous renseigner auprès des organismes cités ci-dessus ou contacter les centres répertoriés ci-après. Toutefois, sachez que cette liste n'est pas exhaustive et que pour un type de psychothérapie, on peut trouver d'autres centres de formation.

Devenir psychanalyste

La psychanalyse, découverte et théorisée par Sigmund Freud, est fondée sur la notion d'inconscient. Grâce à la technique de l'association libre (dire tout ce qui passe par la tête), l'analysant va découvrir peu à peu son inconscient, qui va se révéler à lui-même à travers les rêves, les lapsus, les fantasmes.
Le sujet est allongé sur un divan et le psychanalyste est assis en retrait de façon à ne pas être vu par le sujet. Cela a pour but de faciliter l'association libre. Ainsi, la position allongée et les rares interventions du psychanalyste favorisent la régression et le laisser-aller.

Au sein du mouvement psychanalytique, on trouve quelques différences dans les écoles de pensée (freudien, lacanien, jungien). Cela engendre quelques nuances dans la technique et le cadre. Ces différences se situent notamment au niveau de la durée des séances et de leur fréquence (analyse freudienne ou lacanienne).

Pour résumer, le but de la technique psychanalytique n'est pas d'atteindre le symptôme mais la problématique globale du sujet. C'est donc un travail long (plusieurs années). C'est un travail en profondeur, qui se fait sur le divan, avec un psychanalyste qui doit aider à l'émergence des motions inconscientes et à leur interprétation.

Pour vous former à la psychanalyse, il vous faut avoir bien engagé ou fini votre propre analyse. Puis, il faut faire appel à un institut de formation et de supervision tels que la Société psychanalytique de Paris (SPP) ou l'Association psychanalytique de France (APF).

Ces instituts, s'ils estiment que vous pouvez commencer la formation (qualité d'autoanalyse, d'écoute de l'autre, perception d'autrui), vous proposent de prendre la responsabilité de deux analyses, supervisées par un membre de l'institut une fois par semaine. D'autre part, il y a un corpus théorique à intégrer. La totalité de la formation est d'environ huit ans.

Les thérapies comportementale et cognitive (TCC)

Vous pouvez choisir de vous former à une technique psychothérapique de type comportementale et cognitive (TCC). Depuis quelques années, les thérapies dites brèves se sont bien développées et sont très demandées. Elles ont montré leur efficacité avec certaines pathologies. Elles visent à faire disparaître un symptôme gênant pour le sujet, par exemple une phobie ou un rite obsessionnel invalidant la vie quotidienne.

L'Association française de thérapie comportementale et cognitive (AFTCC) dispense une formation sur trois années universitaires au bout de laquelle elle délivre un diplôme de l'association. La formation, composée de séminaires théoriques et méthodologiques, devient de plus en plus pratique.

▶ **Contact** : Association française de thérapie comportementale et cognitive (AFTCC). 100, rue de la Santé, 75013 Paris.
Tél. : 01 45 88 35 28. E-mail : aftcc@wanadoo.fr

La *Gestalt-thérapie*

La *Gestalt-thérapie* est une technique psychothérapique individuelle ou en groupe. Elle est basée sur la libération des émotions bloquées, dans l'ici et maintenant, à travers le contact avec le thérapeute. Son objectif est de prendre en compte l'ensemble de la personne, au niveau affectif, intellectuel, émotionnel et corporel pour arriver à un mieux être.

LE CHOIX DE LA GESTALT-THÉRAPIE

« *J'ai choisi de compléter mon cursus en psychologie clinique (DESS) par un DEA en psychologie sociale. J'ai découvert les travaux et modèles développés en psychologie sociale de la santé (coping, stress perçu, etc.). Aujourd'hui mon champ d'intervention professionnelle s'oriente vers une démarche clinique en psychologie sociale. Pour compléter ces apports théoriques, j'ai débuté une formation en Gestalt-Thérapie (comprendre c'est bien mais expérimenter c'est mieux !). J'ai donc fait ce choix pour expérimenter des savoir-être qui façonneront ma démarche clinique en psychologie sociale de la santé. En effet, l'approche en Gestalt-Thérapie est différente des approches analytiques et systémiques traditionnelles (différente et complémentaire !) De manière simplifiée, la psychanalyse se centre sur la compréhension des phénomènes intrapsychiques, de l'inconscient, de son histoire et de ses contenus. La systémique s'intéresse aux interactions entre les individus d'un groupe, d'une famille.*
La Gestalt donne à mon avis une lecture psychosociale des phénomènes. Elle se veut centrée sur la manière dont chacun d'entre nous s'ajuste à son environnement et assimile cette expérience de «contact». La relation thérapeutique est conçue comme une co-construction entre le thérapeute et son patient (dialogue). Il n'y a pas d'interprétation a priori mais l'émergence du sens dans «l'ici et maintenant». Nous nous intéressons aux processus, à la manière dont les choses s'expriment plutôt qu'aux instances, aux conflits et contenus inconscients.
Si la Gestalt-Thérapie était un cocktail, ses principaux ingrédients seraient le dialogue, l'herméneutique (laissons le sens émerger de la co-construction !) et le processus.
L'Institut français de Gestalt-Thérapie (IFGT) délivre une formation en quatre années, à l'issue desquelles est obtenu un diplôme de «Gestalt-therapeute». La formation se déroule en trois cycles. Le premier et le second sont dits théoriques, pratiques et expérientiels, et le troisième est une formation didactique et clinique avec une supervision ». (Pierre-Henri, psychologue, 27 ans).

Il existe plusieurs instituts dont un à Bordeaux (siège) et un à Paris.

▶ **Contacts :**
• Institut français de Gestalt-Thérapie (IFGT). 87, cours d'Albret, 33000 Bordeaux. Tél. : 05 56 90 04 05.
• Institut français de Gestalt-Thérapie (IFGT). 16, rue Alphonse Penaud, 75020 Paris. Tél. : 01 40 30 56 84.
E-mail : gestalt-ifgt@gestalt-ifgt.c

Les thérapies centrées sur la personne (dites «rogeriennes»)

Les thérapies centrées sur la personne, élaborées par Carl Rogers, sont des thérapies dites non directives, permettant au «client» de retrouver ses potentialités, grâce à plusieurs éléments : un regard positif inconditionnel, une empathie importante et une attitude authentique (dite «congruente») du thérapeute.

Le but de la méthode est que le client trouve en lui-même la capacité de mieux se comprendre et de mieux vivre en interaction avec les autres. Cela implique donc un postulat de départ : pour Carl Rogers, toute personne a une tendance naturelle qui le pousse à l'auto organisation vers un mieux-être. La thérapie servirait donc à retrouver cette inclination naturelle.

On appelle aussi cette thérapie « thérapie humaniste» ou «thérapie non directive».
L'Institut de formation des psychothérapeutes praticiens (IFPP) forme à cette technique.

▶ **Contact :** Institut de formation des psychothérapeutes praticiens (IFPP). 25, rue Pigalle, 75009 Paris. Tél. : 01 42 81 04 22.

Le psychodrame analytique

Le psychodrame analytique est une technique thérapeutique, qui consiste en la mise en scène par des acteurs (thérapeutes) et par le patient, de conflits intrapsychiques, de motions internes, de rêves, d'instances psychiques, qui bloquent le sujet et restent inaccessibles.

Cette technique s'est beaucoup développée dans les institutions, ainsi qu'en pratique libérale. Elle demande une formation rigoureuse, implicante, et exige d'être soi-même en psychanalyse.

Il y a de nombreux centres de formation dont l'IFPP (voir coordonnées plus haut) et l'Institut Français d'analyse de groupe et de psychodrame.

▶ **Contact :** Institut français d'analyse de groupe et de psychodrame (IFAGP). 12, rue Emile Deutsch de la Meurthe, 75014 Paris. Tél. : 01 45 88 23 22. E-mail : ifagp@club-internet.fr

La thérapie systémique

La thérapie systémique est une thérapie de groupe, utilisée le plus souvent avec les couples et les familles. Toutefois, on y recourt dans toutes les situations de régulation de groupe, comme par exemple en entreprise ou dans les associations.

En ce qui concerne la thérapie familiale, la méthode systémique a pour but de repérer les dysfonctionnements du système familial. Par exemple, le thérapeute met en évidence les structures de communication de la famille et leurs blocages. Par ailleurs, à l'aide d'outils comme le génogramme, il met en relief ce qui est de l'ordre des transmissions transgénérationnelles inconscientes, des plus légères aux plus pathologiques. Ainsi, le thérapeute et la famille s'aperçoivent des phénomènes de répétition depuis des générations. La famille, par la prise de conscience, grâce à cette visualisation, pourra commencer un travail pour arrêter la spirale de la répétition pathologique.

L'analyse transactionnelle

Créée par Eric Berne, cette méthode thérapeutique se base sur l'analyse des états du moi d'un individu.
Berne distingue plusieurs états du moi avec lesquels le sujet communique avec autrui. Selon lui, dans une transaction (communication, échange) avec une personne, on peut utiliser trois sortes d'états du Moi : l'état parent, l'état enfant, l'état adulte.
La personne avec laquelle on communique à un instant précis répond également à un de ces états du Moi. L'échange qui en résulte peut donc être composé de différents états du Moi : «parent-enfant», «enfant-adulte», etc.

Ainsi, la meilleure communication sera entre deux états du «Moi adulte». Cependant, elle n'est pas si répandue et l'on s'aperçoit

que les dysfonctionnements de communication dans une relation sont sous tendus par des transactions déséquilibrées.
Le but de la thérapie est donc de renforcer l'état adulte qui permet une communication plus ajustée.

▶ **Contact :** Institut français d'analyse transactionnelle (IFAT). 1, rue de Metz, 75010 Paris. Tél. : 01 47 70 22 62. E-mail : info@ifat.net

La PNL (Programmation neuro-linguistique)

Cette technique vise la communication. Elle a pour but d'apprendre à connaître son interlocuteur lorsqu'on communique avec lui. Le but est de repérer par une observation sensorielle ce que l'autre pense, ressent, redoute, apprend. C'est pourquoi, elle est le plus souvent utilisée dans les entreprises.

La thérapie consiste à mettre en évidence les schémas d'échange du patient et de lui apporter de nouveaux atouts de perception de l'autre.
Pour trouver une formation à la PNL dans la région de votre choix, vous pouvez contacter la Fédération NLPNL qui regroupe les associations de formations à la PNL.

▶ **Contact :** Fédération NLPNL. 8, rue du Faubourg Poissonnière, 75010 Paris. Tél. : 01 64 35 89 06. E-mail : fédération@nlpnl.net

Les techniques de médiation familiale

La famille est un système complexe qui a son propre fonctionnement. Le couple, la famille, les relations parents-enfants peuvent connaître des blocages. Il existe des techniques de psychothérapie spécialisées dans ce domaine. Ainsi, l'Association française des centres de consultation conjugale (AFCCC) dispense une formation centrée sur le couple.

▶ **Contact :** Association française des centres de consultation conjugale (AFCCC). 44, rue Danton, 94270 Le Kremlin-Bicêtre. Tél. : 01 46 70 88 44.

Quelques centres de formation aux diverses psychothérapies

Il existe un grand nombre de centres qui forment à diverses techniques de psychothérapies.

La Faculté libre de développement et de psychothérapie (FLDP) propose des formations aux étudiants et aux professionnels à différentes psychothérapies : psycho corporelle, psychanalytiques, groupe Balint, technique de dynamique de groupe.

Contacts :

• Faculté libre de développement et de psychothérapie (FLDP). 38, rue de Turenne, 75003 Paris. Tél. : 01 48 04 32 35.

• Institut de formation des psychothérapeutes praticiens (IFPP). 25, rue Pigalle, 75009 Paris. Tél. : 01 42 81 04 22.

La formation à la graphologie

Si vous désirez travailler dans le domaine des ressources humaines, notamment en recrutement vous pourrez avoir besoin d'une formation à la graphologie.

La Société française de graphologie (SFDG), reconnue par le rectorat de Paris, délivre un diplôme qualifiant. Les cours s'étalent sur trois années.

▶ **Contacts :**

• Société française de graphologie (SFDG). 5, rue Las Cases, 75007 Paris. Tél. : 01 45 55 46 94.

• Groupement des graphologues conseils de France (GGCF). 80, avenue Charles de Gaulle, 92200 Neuilly-sur-Seine. Tél. : 01 47 47 91 51.

5. Devenir psychologue sans passer par l'Université

La formation de psychologue, la plus courante et la moins onéreuse est l'Université. Mais pour diverses raisons, vous pouvez être amené à emprunter une autre voix. Vous avez alors plusieurs autres choix d'instituts qui délivrent aussi un titre de psychologue.

L'Ecole des psychologues praticiens (EPP)

C'est la plus connue des alternatives à l'Université. Il s'agit d'une école payante, fonctionnant comme une école de commerce, reconnue par l'Etat, et amenant au titre de psychologue dans le domaine de la santé et du travail.

L'admission peut se faire après l'obtention du baccalauréat, sur concours. Celui-ci est composé d'un écrit, qui conduit si l'on est admissible, à un oral. L'épreuve écrite porte sur des tests de raisonnement, de personnalité et de culture générale. L'oral consiste en deux entretiens, un collectif et un individuel. Le nombre d'année d'études est de cinq ans. Il faut aller jusqu'à la cinquième année pour que le diplôme soit reconnu par l'Etat. Si vous vous arrêtez avant, vous n'aurez pas de diplôme intermédiaire, comme une licence ou une maîtrise.

Durant les quatre premières années, vous recevrez un enseignement général dans les différents domaines de la psychologie (enfant, expérimentale, générale...). En cinquième année, les étudiants se spécialisent soit en clinique, soit en entreprise. Les secteurs de la clinique sont alors la psychopathologie, ou la justice, ou la santé.

Dans le secteur de l'entreprise, ils auront ce choix : les ressources humaines ciblées sur le management et la formation, ou bien les ressources humaines orientées vers la psychologie du marketing.

L'école des psychologues praticiens délivre une bonne formation grâce à ses effectifs réduits, à des conditions de travail et d'apprentissage privilégiées, à l'accent mis sur l'aspect pratique de la formation, à la professionnalisation qui arrive très tôt dans le cursus (stages dès la première année, avec une durée croissante d'année en année). Mais cette qualité de conditions de travail a un coût : 4 200 euros par an pendant cinq ans.

Le monde du travail apprécie ces jeunes diplômés bien formés et déjà opérationnels. Les meilleurs chiffres d'insertions professionnelles se trouvent dans le monde de l'entreprise qui, d'une façon générale, embauche plus que le domaine clinique.

▶ **Contacts** :
- EPP Paris. 23, rue du Montparnasse, 75006 Paris. Tél. : 08 25 00 10 36.
- EPP Lyon. 71, rue Molière, 69003 Lyon. Tél. : 04 72 61 97 07.
- Internet : www.psycho-prat.fr

Les cours du Cnam et de l'Inetop

Le Cnam est un institut de formation pour adultes. Il a pour but de former des adultes entrés dans la vie active, et qui ont besoin d'acquérir un diplôme, de faire avancer leur carrière ou de se reconvertir. Il délivre des diplômes d'établissements homologues. Les domaines de formation du Cnam sont le travail, l'économie, la gestion, l'information, la communication, les sciences et techniques industrielles.

Dans le secteur du travail, il dispense un diplôme de psychologue du travail. Pour être admis dans cette formation, il faut être âgé d'au moins 23 ans et avoir exercé deux ans dans le domaine de la psychologie du travail.
La formation dure deux années. L'obtention du diplôme dépend d'un examen probatoire et de la réalisation d'un mémoire.

L'Inetop est un institut du Cnam spécialisé dans la formation aux métiers de l'orientation et l'insertion sociale. Il délivre un DESS de psychologie des pratiques de l'orientation, qui donne l'usage du titre de psychologue. Pour être admis à l'entrée de ce DESS, il faut avoir une maîtrise de psychologie ou bien avoir une licence de psychologie plus trois années d'expérience professionnelle dans le domaine de la formation.

Il propose aussi un DEA psychologie du travail et des transitions. Pour être admis, il faut avoir fait quatre années d'études supérieures ou avoir validé (par l'Inetop) un nombre d'acquis professionnels équivalents.

L'Ecole des hautes études en sciences sociales (EHESS)

C'est un établissement relevant du ministère de l'Education nationale, qui a pour mission la recherche et l'enseignement de la recherche en sciences sociales. Dans le domaine de la psychologie, un DEA en psychologie sociale est proposé, en association avec l'université Paris V.
Par ailleurs, l'EHESS concerne aussi les candidats désirant faire de la recherche en sciences sociales, et propose des formations doctorantes.

▶ **Contacts :**
• EHESS Paris. 54, boulevard Raspail, 75006 Paris. Tél. : 01 49 54 25 25.
• EHESS Lyon. Centre d'histoire et d'archéologie des mondes chrétiens et musulmans médiévaux. 18, quai Claude Bernard, 69365 Lyon. Tél. : 04 78 69 72 03.
• EHESS Marseille. Centre de la vieille charité. 2, rue de la Charité, 13002 Marseille. Tél. : 04 91 14 07 27.
• EHESS Toulouse. Centre d'anthropologie. 39, allée Jules Guesde, 31000 Toulouse. Tél. : 05 61 55 80 70.
• Internet : www.ehess.fr

Les universités catholiques (privées)

Certaines universités sont privées comme les universités catholiques. Il en existe notamment à Angers et à Lille. A Angers, les différentes matières sont enseignées au sein d'instituts autonomes (Institut de psychologie et de sociologie appliquées, IPSA). Comme alternative à l'université publique, elles offrent des conditions de travail privilégiées tout en dispensant des diplômes universitaires (Deug, licence, maîtrise, DESS, DEA).

Dans la même lignée que l'Ecole des psychologues praticiens (EPP), elles offrent des possibilités de stage dès la première année du cursus et par conséquent un enseignement pratique approfondi. L'étudiant est très encadré et peut à tout moment demander l'aide des professeurs.

Le coût de l'enseignement se situe autour de 2 500 euros par année.

▶ **Contacts :**

• Institut de psychologie et de sociologie appliquées (IPSA). 3, place André Leroy. BP 10808. 49008 Angers cedex 01. Tél. : 02 41 81 66 19. E-mail : ipsa@uco.fr

• Institut catholique de Lille. 60, boulevard Vauban. BP 109. 59016 Lille cedex. Tél. : 03 20 13 40 00. Internet : www.icl-lille.fr

6. Changer de parcours

Au cours de votre cursus universitaire, vous pouvez prendre conscience du fait que vous n'avez pas envie de devenir psychologue. Cependant, vous avez peut-être envie de rester dans un domaine proche des relations humaines. Vous pouvez donc vous tourner vers des métiers des secteurs éducatif, social, paramédical...
Ces secteurs, incluant une relation d'aide à autrui, font intervenir des notions de psychologie. Avec certaines formations, vous pourrez obtenir une équivalence et éviter de refaire toutes les années de formation. Voici quelques métiers qui pourraient vous intéresser.

Le domaine éducatif

Professeur des écoles

Le professeur des écoles enseigne dans les écoles maternelles et élémentaires. Il s'occupe donc d'enfants de 2 à 11 ans environ.
Si vous avez envie de devenir professeur des écoles et que vous arrêtez la psychologie après votre licence (obtenue) vous pouvez vous inscrire au concours. Toutefois sachez qu'il faut avoir obtenu une licence, quelle que soit la matière.

Attention, travailler avec les enfants n'est pas une chose facile. Cela demande de la maturité et de la solidité psychique.

Pour préparer le concours très sélectif, vous pouvez vous inscrire dans un IUFM ou suivre les cours du Cned (à distance). L'IUFM est un établissement public d'enseignement supérieur qui prépare aux concours de recrutement des différents professeurs. L'année de préparation à l'IUFM est déjà une préparation au métier. Puis, si vous êtes reçu au concours, vous devrez suivre une année de formation à l'IUFM.

Il y a 31 centres IUFM dont 26 en France métropolitaine. Vous n'aurez donc certainement pas de difficulté à en trouver un dans votre région. Une fois le concours obtenu, vous aurez un poste basé dans l'académie où se rattache votre université.

▶ **Contact** : internet : www.iufm.education.fr

Psychologue scolaire

Le psychologue scolaire a suivi une formation différente de celle du psychologue clinicien ou du psychologue du travail.

Ses missions : participer à la prévention des difficultés scolaires, à l'élaboration du projet pédagogique de l'école, à l'intégration des jeunes handicapés.
Il pratique au sein d'écoles maternelles et primaires pour prévenir les difficultés scolaires des enfants.
Le psychologue scolaire travaille en étroite collaboration avec les enseignants, les enfants et les familles. Il fait partie de structures appelées Réseaux d'aide spécialisés aux élèves en difficulté (RASED), composées d'une équipe pluridisciplinaire.
Chaque psychologue scolaire couvre un secteur, dont plusieurs écoles et souvent des milliers d'élèves. De fait, il ne peut suivre tous les élèves de l'école. Il reçoit les enfants signalés par les professeurs comme souffrants ou turbulents. Puis, en plusieurs rendez-vous, à l'aide de tests psychométriques d'efficience et de personnalité et de beaucoup d'écoute, il établit un diagnostic de la difficulté. Il oriente l'enfant et la famille, si besoin est, vers un suivi à l'extérieur (en libéral ou en Centre médico psychopédagogique, CMPP).

Il doit être détenteur d'une licence de psychologie et avoir enseigné au moins trois années en école primaire. Puis, il passe un entretien pour suivre l'année de préparation au Diplôme d'Etat de psychologue scolaire (DEPS).
Cette formation se fait dans les IUFM en collaboration avec le département de psychologie.

Il existe six centres de formation :
• Université Aix-Marseille I. Centre de formation des psychologues scolaires. UFR de psychologie et des sciences de l'éducation. 29, avenue Robert Schumann, 13621 Aix-en-Provence.
• Université Bordeaux II Centre de formation des psychologues scolaires. UFR des sciences sociales et psychologiques. 3 ter, place de la Victoire, 33076 Bordeaux cedex.
• Université Grenoble II. Centre de formation des psychologues scolaires. UFR des sciences de l'homme et de la société. Domaine universitaire de Saint-Martin-d'Hères. BP 47 X. 38040 Grenoble cedex.

• Université Lille III. Centre de formation des psychologues scolaires. UFR de psychologie. Domaine universitaire littéraire et juridique. Pont de Bois, 59653 Villeneuve d'Ascq.
• Université Lyon II. Centre de formation des psychologues scolaires. UFR de psychologie. 5, avenue Pierre Mendès-France, 69676 Bron cedex.
• Université Paris V. Centre de formation des psychologues scolaire. Centre universitaire de Boulogne. 71, avenue Edouard Vaillant, 92100 Boulogne-Billancourt.

▶ **Contact** : Association française des psychologues scolaires (AFPS). 9, allée Brahms, 91410 Dourdan. Tél. : 01 64 59 94 46. Internet : www.afps.info

Educateur spécialisé

L'éducateur spécialisé travaille auprès de populations variées : enfants, adolescents ou adultes ayant des troubles physiques, psychiques, de comportement ou d'insertion. Il les aide à retrouver ou préserver leur autonomie.

Pour devenir éducateur spécialisé, il vous faut le baccalauréat, et passer un concours d'admission. Puis, la formation dure trois années avec une partie théorique et des stages. A l'issue de ces trois années et d'un examen final, vous obtiendrez un Diplôme d'Etat d'éducateur spécialisé (DEES).

Il existe plusieurs centres de formation. Sur le site suivant vous trouverez la liste des centres de formation par région : www.social.gouv.fr/htm/pointsur/travail_soc/liste/regions. htm

Educateur de jeunes enfants

L'éducateur de jeunes enfants s'occupe d'enfants de 0 à 7 ans. Il participe à leur développement à la fois affectif et intellectuel. Il intervient dans des haltes garderies, des crèches, des pouponnières, des foyers de l'enfance.

L'admission à la formation se fait après un examen de sélection. Les candidats doivent avoir le baccalauréat ou un diplôme équivalent. La formation dure deux ans et trois mois.

Les Instituts régionaux de travail social (IRTS) dispensent cette formation. Vous pouvez contacter le Groupement national des instituts du travail social (GNI) pour avoir les adresses des différents centres.

▶ **Contact** : Groupement national des instituts du travail social (GNI). 13, boulevard Saint Michel, 75005 Paris. Tél. : 01 43 29 32 39.

Le domaine paramédical

Psychomotricien

La profession de psychomotricien est très liée à la psychologie. Le psychomotricien vise à rééduquer les difficultés corporelles des patients (enfants, adolescents ou adultes) liées à des troubles psychologiques : tics, bégaiement, trouble du mouvement et de l'orientation... Ce métier est en expansion car on s'aperçoit de plus en plus des enjeux corporels dans les troubles psychiques : de nombreuses institutions offrent donc des postes.

Pour accéder à la formation, il faut être admis à un concours pour lequel il y a beaucoup d'inscrits et peu d'élus. Le concours se compose d'une épreuve de biologie et d'une épreuve de contraction de textes en plus d'une épreuve complémentaire (tests psychotechniques). A l'issue des trois années de formation vous obtenez un diplôme d'Etat.
Si vous avez une licence ou une maîtrise de psychologie, vous pouvez obtenir une équivalence et passer directement en deuxième année.

TÉMOIGNAGE D'UNE PSYCHOMOTRICIENNE

« Lorsque j'ai débuté dans la profession, on recrutait encore très peu. Mes premiers pas ont été difficiles mais très enrichissants, puisque j'ai effectué un remplacement dans un foyer éducatif auprès d'enfants de 6 à 12 ans placés par un juge. Ils souffraient de troubles du comportement à la suite de situations familiales très difficiles. J'ai ensuite choisi de travailler en milieu hospitalier, au service de stomatologie. Parallèlement, j'ai décidé de m'installer en libéral, avec un collègue mais la clientèle était trop insuffisante pour pouvoir continuer. Nous

nous sommes depuis installés en association avec des orthophonistes. Nous avons trouvé que nos deux professions étaient complémentaires.

Je travaille à 70 % avec des enfants souffrant de troubles comportementaux : agressivité, instabilité, trouble de la communication... Ma mission peut se résumer ainsi : leur redonner confiance en eux, leur permettre de mieux se connaître. Pour cela, j'utilise des outils variés : jeux de ballons, contes, rythme, danse, relaxation, jeux de rôles. J'utilise le même principe pour des adultes qui sont la plupart du temps des personnes déprimées, mal dans leur corps. Selon moi, la principale qualité c'est la disponibilité. Il faut laisser sa vie privée à la porte avant chaque séance. Il faut aussi savoir faire preuve de créativité, d'énergie et, surtout, bien se connaître soi-même. » (Sylvie, 35 ans, psychomotricienne)

Voici quelques centres de formation :

- Institut de formation en psychomotricité. 9 bis, rue Bouquet de Longchamp, 75116 Paris. Tél. : 01 47 04 22 03.
- Université Bordeaux II. 146, rue Léo Saignat, 33076 Bordeaux. Tél. : 05 57 57 10 10.

Ergothérapeute

Discipline en développement, l'ergothérapie a pour but d'aider un sujet à regagner son autonomie physique ou psychique grâce à l'activité manuelle, à la création, aux techniques informatiques. L'ergothérapeute travaille dans différentes institutions comme les hôpitaux généraux, psychiatriques ou les instituts accueillant des personnes ayant une déficience physique ou sensorielle.

La formation dure trois années, avec de multiples stages dans les différents domaines d'activité.

L'ERGOTHÉRAPIE AU SERVICE D'UNE AUTONOMIE PHYSIQUE ET PSYCHIQUE

« L'approche psychologique du malade est primordiale dans ce métier. Ce n'est pas la peine de se lancer si on n'aime pas le rapport à l'autre ! Dans l'avenir, j'aimerais m'intéresser au problème de l'emploi, en essayant d'amener la personne qui a un handicap à pouvoir travailler comme les autres et à faire valoir ses qualités dans la société. » (Dominique, ergothérapeute à l'hôpital Cochin de Paris)

Dans la même idée que l'ergothérapie, l'art thérapie a pour but de favoriser l'expression de ce qui a du mal à s'exprimer verbalement. Il n'existe pas aujourd'hui de diplôme reconnu d'art thérapie. Cependant, il y a des formations.

PRÉSENTATION DE L'ART THÉRAPIE

L'art thérapie propose un mode d'expression artistique originale à des personnes atteintes de troubles d'origine neurologique ou psychologique. Ces activités artistiques ont pour objet l'expression de l'indicible, mais aussi l'apaisement. Elles constituent parfois un moyen d'expression unique pour ceux qui n'ont pas ou plus accès à la parole.

Le théâtre comme exutoire à ses angoisses, la voix pour accéder à sa propre identité, la peinture pour exprimer ses souffrances, l'art thérapie est ainsi un levier à nos freins intérieurs. Elle aide le patient à exprimer ses troubles de la communication, de la relation et des comportements ; elle développe les facultés d'expression, de communication et de relation et peut ainsi participer à la reconquête de l'identité et de la dignité de la personne, à la restauration d'une image positive.

L'art thérapie peut se pratiquer en milieu hospitalier ou en libéral, et se dessine de plus en plus comme un apport intéressant à toutes les professions éducatives et sociales. Même s'il existe deux formations universitaires en art thérapie (Paris V et Paris VII), le titre d'art thérapeute n'est pas reconnu en France.

Pour trouver la liste des huit centres de formation en ergothérapie à Paris et en régions, contactez l'Association nationale française des ergothérapeutes (ANFE). 34, avenue Aristide Briand, 94110 Arcueil. Internet : www. anfe. asso. fr

Voici deux centres de formations parmi les huit :
• Université Paris XII Val-de-Marne. 61, avenue du Général de Gaulle, 94010 Créteil cedex. Tél. : 01 45 17 16 04.
Internet : www.univ-paris12.fr
• Université Lyon I Claude Bernard. 8, avenue Rockefeller, 69373 Lyon cedex. Tél. : 04 78 77 70 00.
Internet : www.univ-lyon1.fr

Orthophoniste

L'orthophoniste a pour tâche la rééducation des troubles du langage et de l'expression. Dans sa pratique, il doit faire preuve de psychologie et de patience. Il intervient sur prescription médicale pour des troubles de type dyslexie, bégaiement.

On entre dans une école d'orthophoniste sur concours, réputé difficile du fait du nombre d'inscrits et du peu de places disponibles. Puis, la formation dure quatre années. On obtient alors un certificat de capacité d'orthophoniste.

Vous chercherez alors un emploi dans diverses institutions (hôpital, école, centre médico-psychologique) comme 14 % de la profession ou vous vous installerez en libéral (68 % de la profession). Les conditions d'exercice sont alors définies par une convention nationale. Vous pouvez également cumuler les deux modes d'activité comme 18 % des orthophonistes aujourd'hui.

ÉCOUTER ET VOULOIR AIDER

« Il faut vraiment aimer la relation avec les gens, écouter et vouloir aider, sans jamais juger. Nous avons aussi beaucoup d'adultes à aider ; ils représentent en moyenne 50 % des patients. Dans une journée, on travaille aussi bien avec une petite fille de 5 ans souffrant de difficultés d'élocution qu'avec un homme de 40 ans opéré de la gorge et ne pouvant plus parler, en passant par la personne âgée. »
(Jean-Marc, orthophoniste en libéral)

Il y a différents centres de formations. Vous pouvez trouver la liste en allant sur le site internet de la fédération des orthophonistes : www.orthophonistes.fr

En voici un :
• Groupe hospitalier Pitié-Salpêtrière. 47, boulevard de l'Hôpital, 75651 Paris cedex 13. Tél. : 01 45 86 20 38.

Le domaine social

Assistant de service social

L'assistant de service social s'occupe de la dimension sociale et administrative des personnes en difficulté. Il les aiguille dans la recherche de structures d'aide. Il les aide à déposer des demandes de logement, de revenus, d'emplois. Il fait l'interface entre les citoyens en demande d'aide et l'administration, les structures sociales existantes et la loi française.
Sur le plan psychologique, sa tâche demande une grande capacité d'écoute, de compréhension et d'accueil.

La formation est ouverte aux détenteurs du baccalauréat et de l'examen proposé chaque année par la Direction régionale des affaires sociales et sanitaires (DRASS).
Le cursus comprend trois années réparties en stage et cours théoriques sur la législation sociale, la sociologie, l'économie...
Le Diplôme d'Etat d'assistant de service social (DEASS) couronne la formation. Si on désire travailler dans le secteur de l'entreprise, on peut choisir de faire une spécialisation à l'Ecole supérieure du travail social (ETSUP).

QUEL EST LE RÔLE DE L'ASSISTANT DE SERVICE SOCIAL ?

Ce métier est un métier de patience et de contact avec les gens. Il y a toujours plusieurs façons d'exercer un métier. Celui-là peut être fait avec des qualités de psychologie. Les familles qui viennent voir l'assistant de service social sont souvent perdues, exclues et ne savent pas par où commencer. L'assistant social les accueille, les rassure, les écoute. C'est une grande partie du travail. L'autre partie, plus administrative reste aussi intéressante étant donné qu'elle va d'une façon concrète répondre à un besoin vital des individus.

L'assistant de service social travaille dans diverses structures comme les hôpitaux, les centres médico pédagogiques, les entreprises privées, les associations.

LA POSSIBILITÉ D'UNE CARRIÈRE VARIÉE

« Après une licence de psycho, ne me reconnaissant pas dans la position de psychologue clinicien (grâce à mes stages), j'ai cherché à me réorienter vers une profession qui me permettait dans la relation d'aide d'être plus active dans la forme bien entendu !

Je définis aujourd'hui mes missions d'assistance sociale ainsi : aider les personnes (ou groupes) rencontrant une difficulté particulière en agissant avec elles (eux) afin de leur permettre de rester acteur et auteur de leur vie, de maintenir ou restaurer leur autonomie. Ceci se traduit par des actions individuelles (la majorité actuellement) et/ou des actions collectives (en grand développement actuellement). Nous avons un rôle d'écoute, d'analyse, de conseils, d'orientation, d'appui administratif et législatif. Après avoir établi un diagnostic social, nous avons également un rôle de prévention : nous pouvons intervenir au-devant de la demande des personnes.
Nous avons le devoir de faire remonter les difficultés, incohérences des politiques sociales, aux instances des décisions. Nous devons participer à l'évolution de la politique sociale, même si la profession reste à ce jour malheureusement peu militante.

Nos domaines d'intervention sont très vastes (handicap, santé, éducation nationale, insertion sociale et/ou professionnelle, aide budgétaire, protection de l'enfance, immigration, aide au logement...) et permettent une carrière variée. » (Séverine, 26 ans, assistante sociale)

▶ **Contacts :**
• Association nationale des assistants de service social. 15, rue de BruxelleS, 75009 Paris. Tél. : 01 45 26 33 79.
• Ecole supérieure du travail social (ETSUP). 8, villa du Parc de Montsouris, 75014 Paris. Tél. : 01 44 16 81 81.

Animateur social

L'animateur social exerce dans différents types de structures sociales (maisons de jeunes, centres de loisirs, foyers...). Il s'occupe d'enfants, d'adolescents ou d'adultes. Sa tâche est d'animer la vie quotidienne des personnes par l'organisation d'activités diverses. Grâce à sa proximité avec les intervenants de la localité, il joue aussi le rôle de médiateur et de facilitateur du lien social.

Le but des animations peut être éducatif, social ou culturel. Ils aident également à la réinsertion des individus. Ils sont employés par les communes ou les associations.

Six années sont nécessaires avant d'exercer : le Diplôme d'Etat relatif aux fonctions d'animation (DEFA) s'obtient après trois années de pratique professionnelle ; la formation dure également trois ans.

Le domaine de l'entreprise

Management et gestion des entreprises

Proposant un large choix de débouchés, cette filière peut être abordée après un an d'études supérieures validé en Institut universitaire professionnalisé (IUP) :
• vous pouvez intégrer les ressources humaines ;
• vous pouvez également devenir chargé d'étude, de missions, ou responsable de projet ou encore consultant auprès d'organismes publics ou responsable de service culturel ;
• vous pouvez rejoindre les secteurs sanitaire, social et éducatif en devenant gestionnaire et cadre administratif dans les hôpitaux et les cliniques, les centres spécialisés en rééducation, les centres sociaux, et les centres de loisirs et de vacances ;
• vous pouvez entrer dans les métiers de la formation en tant que conseiller en formation ou responsable de formation.

▶ **Contacts :**
• Universités Aix-Marseille II et Aix-Marseille III, management public.
Filières : secteur de la santé et du social ; secteur de la culture, des sports et des loisirs ; secteur de l'économie, de l'aménagement du territoire et de l'écodéveloppement.
• Université Clermont-Ferrand I.
Filières : management privé ; management public.
• Université Dijon, management culture et éducation.
Filières : métiers de la culture ; management et évaluation de l'éducation et de la formation.
• Université Le Mans, économie et social.
• Université Lille I, métiers de la formation continue.

• Université Limoges, santé, social, loisirs, option management des petites et moyennes organisations santé, social, loisirs.
• Université Lyon I, administration des petites et moyennes structures, option : gestion des établissements sanitaires et sociaux.
• Université Paris XII, ingénierie de l'éducation.
• Université Paris XIII, ville et santé.
Filières : maintenance des installations sanitaires et sociales ; management des institutions sanitaires et sociales ; ingénierie sociale et urbaine.
• Université Toulouse II, sociologie appliquée.

Choix de quelques Maîtrises sciences et techniques (MST)

Après un Deug de psychologie vous pouvez vous réorienter vers une MST, c'est-à-dire un diplôme universitaire à finalité professionnelle. Ce diplôme se prépare en deux années.

Quelques filières :
• Université Paris XI, physiologie du travail, ergonomie, physiologie appliquée.
• Université Bordeaux II, santé publique.
• Universités Paris IV et Paris V, sciences sociales appliquées
• Université Aix-Marseille I, encadrement, santé et environnement social.

Ces filières vous apporteront des connaissances théoriques et techniques dans ces domaines.

PARTIE IV

L'ENTRÉE DANS LA VIE PROFESSIONNELLE

1. Face à la réalité du marché du travail

D'une façon générale, la réalité économique actuelle est difficile pour nombre de professions. Les psychologues n'échappent pas à ce phénomène. De plus, ils arrivent en grand nombre sur le marché du travail et sont confrontés au manque de créations de poste.

Que faire sans le DESS ?

Si vous n'avez pas obtenu le DESS, et que vous désirez travailler tout de suite, vous pouvez vous orienter dans des secteurs comme la communication, les ressources humaines, l'insertion, la formation, le conseil à l'emploi.

Si vous voulez vous orienter vers un autre domaine vous pouvez, avec une licence validée, passer les concours d'éducateurs ou d'infirmières (voir le chapitre « Changer de parcours » dans la partie III « La formation ») ainsi que les concours administratifs de la catégorie A.

Vous pouvez aussi faire un stage en psychologie pour compléter votre dossier et vous représenter à plusieurs DESS l'année suivante.

Des contrats à durée et horaires variables

Lorsque se termine la période des études de psychologie, arrive celle de la recherche d'emploi. On entre alors dans le monde des CDI (Contrat à durée indéterminée), des CDD (Contrat à durée déterminée), des temps pleins, des temps partiels... Il va falloir trouver sa place au milieu de tout cela.

Pour éviter la déception, il est donc bon de savoir que beaucoup de praticiens cumulent plusieurs temps partiels et vont de CDD en CDD. Ils effectuent souvent des remplacements de congé maladie ou de maternité.

Bien que cette situation soit précaire, on peut y trouver néanmoins un avantage lorsqu'on sort de l'université : on découvre différents lieux de pratique et on élargit ses compétences.

Nous vous conseillons d'accepter ces emplois qui vous insèrent dans le milieu du travail. Peu à peu, vous trouverez une place stable et moins précaire.

Quand on trouve plusieurs temps partiels à durée indéterminée, cela peut être agréable. C'est encore mieux si les lieux ne sont pas trop éloignés et qu'on ne court pas dans la même journée dans les transports.

Le statut de psychologue

Une autre difficulté apparaît lorsqu'on a enfin trouvé un poste. Il s'agit d'être embauché avec un véritable statut de psychologue. La loi n° 85-772 du 25 juillet 1985 protège le titre de psychologue et répertorie les formations donnant droit à user du titre de psychologue. Toutefois, la reconnaissance par l'employeur de votre titre n'est pas toujours donnée d'avance.

On préférera parfois vous inclure dans les catégories d'animateur, d'éducateur, de conseiller, non répertoriés comme cadre. Il faut agir pour faire respecter et reconnaître votre titre.
Toutefois, si la fonction que vous occupez est celle d'un animateur, vous pouvez toujours accepter en attendant un véritable poste de psychologue. L'essentiel est d'être reconnu dans l'institution pour la fonction que vous occupez.

DIFFICILE DE CONCILIER POUR LE POSTE D'ÉDUCATEUR L'ÉDUCATION EN PLUS DE LA PSYCHOLOGIE

« Après avoir obtenu mon DESS, j'ai commencé à chercher du travail. Je n'avais pas vraiment d'idée de ce que je voulais faire, j'ai donc postulé dans différents milieux. Après quelques mois de recherches, j'ai fini par accepter un poste d'éducateur auprès d'adolescents. Tout le monde savait que j'étais psychologue, si bien qu'on me demandait parfois d'utiliser ces compétences (passation de tests, suivi psychologique) en plus de ma tâche d'éducateur. J'ai fini par demander de

n'être que psychologue, étant donné le besoin qu'il y avait. Ils n'ont pas voulu puisque je faisais bien l'affaire des deux tâches en même temps ! j'ai donc dit que j'allais arrêter car on ne peut pas avoir deux casquettes. Ils ont répondu qu'ils allaient réfléchir.
Je travaille toujours dans ces conditions délicates aujourd'hui. Je pense quitter l'institution quand j'aurai trouvé un autre emploi qui ne me demande que de faire un métier à la fois. » (Stéphanie, 28 ans)

De plus, la façon dont le psychologue vit sa place et sa fonction dans une institution est très importante pour la qualité de son travail.

Connaître ses limites pour éviter la déception

Il est préférable de chercher dans les lieux dans lesquels on se sent à son aise. Les stages ont généralement permis de savoir dans quel domaine on voudrait travailler. De même, ils aident à connaître ses propres limites. Car même si le marché du travail est bouché, il ne faut pas accepter ce qu'on ne se sent pas capable de faire. Cela évitera les futurs sentiments d'échec, de déceptions, d'angoisses et de découragement.

2. La recherche d'un poste de psychologue

Le stage : un tremplin vers un poste

Parfois, à la suite d'un stage une opportunité d'embauche se présente. Nous ne saurions trop vous conseiller de saisir cette chance. C'est pour cela que le stage de la dernière année est primordial. Il offre alors une voie royale d'entrée directe dans la vie professionnelle.

Si toutefois le lieu de stage n'a pas de possibilité d'offre d'emploi dans l'immédiat, restez en contact avec lui. Vous pouvez alors vous tourner vers vos précédents lieux de stage. On favorise toujours l'embauche de personnes avec lesquelles on a déjà travaillé et en lesquelles on a confiance.

C'est pour cela que les stages sont très importants pour l'avenir. Ils ne sont pas seulement le lieu de l'essai et de l'apprentissage de la profession, ils sont les premiers liens professionnels. Il est donc judicieux d'établir un réseau de connaissances dans les milieux professionnels que vous avez fréquentés.

Etablir un réseau de connaissances

Gardez contact avec les professionnels que vous avez rencontrés dans les institutions ou entreprises ou que vous avez croisés dans les réunions, conférences, etc. N'hésitez pas à rappeler et à relancer les personnes et institutions que vous avez fréquentées. Un poste peut se libérer à tout moment.

Bon à savoir : les associations d'anciens diplômés en psychologie existent. N'hésitez pas à contacter les associations d'anciens élèves pour leur demander des conseils, les secteurs d'activité où ils ont été employés.

Tout en cherchant, rester actif

En attendant de trouver un poste de psychologue qui vous convienne, vous pouvez continuer à faire différentes choses et réfléchir à vos envies et aspirations.

Continuer à se former

Si vous ne trouvez pas d'emploi, nous vous conseillons d'accepter un stage ou de commencer une formation. De cette façon vous n'aurez pas l'impression de perdre votre temps ainsi que vos connaissances et vous pourrez enrichir votre CV de nouvelles expériences.

Le monde du travail est un monde pratique. Les connaissances théoriques apprises à l'Université ne s'adaptent pas toujours directement à la demande des institutions. N'hésitez dons pas à approfondir par des formations très pratiques que vous pourriez proposer dans votre lettre de motivation ou en entretien d'embauche.

Trouver un stage

Dans le domaine de la psychologie clinique, on trouve assez facilement un stage, toutefois il est très rarement rémunéré. Cependant, en attendant de trouver un véritable poste, cela permet d'élargir son expérience, de compléter ses compétences, d'ouvrir son réseau de relations. C'est donc une bonne piste si vous commencez à trouver que le temps de la recherche s'étire.

EXPLOITER SES COMPÉTENCES SUR LE MARCHÉ DU TRAVAIL

Catherine a obtenu un DESS de psychologie clinique à Aix en Provence. Chercher du travail sur la Côte d'Azur ne lui a pas semblé une bonne idée. Elle est donc montée à Paris. Après avoir erré d'hôpitaux en institutions pour enfants inadaptés, sans succès, elle a vite réalisé qu'il lui manquait un outil essentiel : une formation complémentaire solide. Elle a choisi la relaxation. « *Simultanément je faisais un stage non rémunéré dans un hôpital de jour et j'espérais bien pouvoir y décrocher un poste, et puis rien... Six mois déjà s'étaient écoulés depuis mon diplôme.*

J'ai décidé de porter mes recherches au-delà de la psychologie. J'ai trouvé un poste d'éducatrice (à mi-temps) pour six mois dans un établissement pour enfants malentendants. Mais je commençais quand même à me poser des questions ! Après avoir étudié la place du psychologue en institution, j'avais compris qu'il avait à jouer un rôle dans la gestion de la parole, celle des relations, la mise à jour des non-dits à l'intérieur d'une équipe. Mais comment vendre ces compétences sur le marché du travail ? »

Où chercher ?

Le secteur de l'entreprise plus porteur que celui de la clinique

Depuis plusieurs années, on observe que les débouchés dans le secteur de l'entreprise sont plus importants que dans ceux du domaine de la psychologie clinique. En effet, le secteur privé embauche plus volontiers grâce à des budgets qui le permettent. En outre, les entreprises sont intéressées par les psychologues pour différents postes :
- ressources humaines ;
- consultants, conseil en management, communication ;
- bilan et recrutements (souvent en cabinet).

En revanche, dans le domaine de la santé, les postes se font rares et tendent même à être réduits par des réformes hospitalières. Toutefois, se développent les services associatifs dans les localités.

Les hôpitaux

Pour travailler dans le secteur public hospitalier, il faut passer le concours de la fonction publique territoriale ou de la fonction publique hospitalière. Il y a aujourd'hui peu de créations de postes. Le psychologue peut également travailler dans les établissements de santé privés.
Dans les hôpitaux généraux, le psychologue travaille en général dans le service des maladies infectieuses, en cancérologie ou soins palliatifs. Il aide les personnes à faire face à la maladie ou à les accompagner en fin de vie.

Dans les hôpitaux psychiatriques, le psychologue travaille avec une équipe pluridisciplinaire composée de psychiatres, d'infirmières, d'ergothérapeutes, d'assistants de service social... Son rôle est varié : il anime des groupes thérapeutiques, fait des passations de tests à des fins diagnostiques, des entretiens de soutien... Les postes étant rares, beaucoup de psychologues y travaillent à la vacation horaire.

▶ **Contacts :**

• Directions des hôpitaux. 8, avenue de Ségur, 75350 Paris 07 SP. Tél. : 01 40 56 60 00.

• Assistance publique des hôpitaux de Paris. 3, avenue Victoria, 75004 Paris. Tél. : 01 40 27 30 00.

L'activité en libéral

Si vous vous sentez suffisamment formé et expérimenté à la psychothérapie ou à la psychologie de soutien, vous pouvez vous installer en libéral.
Plusieurs difficultés sont à prévoir. D'abord, travailler seul est difficile et présente un gros inconvénient, qui est celui du manque de recul sur sa pratique. Nous ne détenons pas la vérité absolue et avons souvent besoin de discuter avec d'autres sur nos intuitions et réflexions.
C'est pourquoi, il est fortement recommandé de faire partie d'un groupe de supervision, ou de réflexion dans lequel on peut parler de son expérience, des problèmes encourus ou de ses doutes.

D'autre part, l'activité de tests psychométriques d'efficience et de personnalité peut se pratiquer en libéral.
Les passations de tests sont longues, ce qui prend beaucoup de temps pour un psychologue en institution. Il est donc courant que ces praticiens (psychologues ou psychiatres) envoient le sujet en cabinet extérieur pour la passation des tests. Si vous vous installez en libéral, vous pouvez donc offrir ce service en vous faisant connaître des différentes institutions.

Le recrutement, le bilan de carrière, le conseil sont également des activités qui peuvent se pratiquer en libéral. Toutefois les entreprises font souvent appel à des cabinets de recrutement, réunissant notamment des psychologues, déjà bien établis. Avant de lancer votre activité, étudiez bien le marché et ses possibilités de clientèle.

Pour les aspects législatifs, financiers et fiscaux, vous pouvez vous renseigner auprès de divers organismes :

• Syndicat national des psychologues (SNP). 40, rue Pascal, 75013 Paris. Tél. : 01 45 87 03 39.

• Syndicat national des praticiens en psychothérapies (SNPpsy). 77, rue des Archives, 75003 Paris. Tél. : 01 44 54 32 01. Internet : www.snppsy.org

• Groupement syndical de la psychologie-psychothérapie-psychanalyse (PSY'G). 3, rue du Grand marché, 78300 Poissy. Tél. : 01 30 74 44 18.

Les associations

Nombreuses, les associations se trouvent surtout dans les secteurs de la santé, de l'éducation, du social, du paramédical. Depuis quelques années, elles se développent, souvent subventionnées par les localités. Elles créent alors des emplois pour différents postes. Certaines ont besoin d'un psychologue.

Pour les associations qui n'ont pas de psychologue, vous pouvez tenter de proposer un projet en expliquant l'intérêt qu'elles auraient à employer un psychologue. Soyez inventif et flexible.

Les écoles et lycées privés

Les établissements publics emploient des psychologues scolaires, qui ont une formation différente de celle du psychologue. Toutefois, si vous êtes psychologue clinicien ou spécialisé dans l'enfance (DESS de psychologie clinique ou DESS de l'enfance et l'adolescence) vous pouvez postuler dans les établissements privés.

Vous ferez le même travail que le psychologue scolaire. Vous participerez à la prévention contre l'échec scolaire. Pour cela vous recevrez les enfants en difficulté et tenterez de déceler la ou les sources de leur problème. Vous travaillerez avec les parents et les professeurs. Votre rôle n'étant pas de faire de la psychothérapie, vous devrez donc orienter les enfants vers des structures d'aide extérieures à l'établissement.

Il y a des postes au collège, au lycée et à l'université.

La formation et l'insertion professionnelle

Vous pouvez chercher un poste dans les organismes comme l'ANPE. On y trouve des psychologues qui aident à l'insertion des individus en ciblant leurs désirs et leurs atouts.

▶ **Contact** : ANPE espace des formateurs. 2, rue Crillon. 75004 Paris. Tél. : 01 42 71 55 86.

Les centres de bilans

Le rôle du psychologue dans les centres de bilans est d'aider une personne désirant changer de métier, ou réorienter sa carrière, de réunir et répertorier ses talents, ses atouts, ses centres d'intérêts pour faire un bon choix ou se lancer vers une autre voix.

Groupement d'établissement public pour la formation des adultes (GRETA).
Il en existe 290 en France dont un par département.
Vous en trouverez la liste à l'adresse internet suivante :
www.education.gouv.fr/fp/greta.htm#1

Pour obtenir la liste des centres de bilans agréés : Fongécif. 33, avenue du Maine, 75015 Paris. Tél. : 01 44 10 58 58.

La recherche

Si vous vous intéressez à la recherche, vous pouvez faire une thèse et tenter d'obtenir une place dans un laboratoire de psychologie. A l'Université, vous pouvez en même temps devenir maître de conférences et dispenser des cours. Attention, les places sont rares et il faut évidemment avoir de très bons résultats durant ses études. En 1998, 154 thésards sont dans les domaines de recherche liés à la psychologie dont 30 obtiendront un poste de maître de conférences.

Les secteurs d'avenir

Pour cibler les secteurs d'avenir, il faut bien observer les demandes actuelles et tenter d'avoir une vision globale de la société.

La gérontologie
Le vieillissement de la population a pour conséquence un développement du domaine de la gérontologie : les individus vivent de plus en plus longtemps, d'où un ajustement des soins. On crée des maisons de retraites, des clubs, des appartements médicalisés, des soins à domicile.

Dans toutes ces structures, le psychologue peut trouver sa place non seulement auprès des personnes âgées, mais aussi dans un soutien à la famille. Les maladies mentales et de dégénérescence liées à la vieillesse sont parfois difficiles à appréhender pour l'entourage, à tel point que cela engendre parfois un rejet de la famille. Le psychologue peut être un médiateur qui tente de retisser le lien perdu, par incompréhension mutuelle.

Communication, management, marketing, dynamique de groupe
Dans les entreprises, on recherche des formations aux techniques de communication, de management, de marketing, de dynamique de groupe. Il s'agit d'enseigner les différents modes de communication, avec toute la partie infraverbale, ainsi que les techniques de négociation, de *leadership*, etc. Si vous êtes intéressés par le secteur de l'entreprise, sachez que c'est une voix qui est en expansion. Vous pouvez travailler en cabinet de consultant ou à votre propre titre.

Comment chercher ?

Concrètement, par où commencer à chercher ?

Epluchez les petites annonces dans les magazines spécialisés comme le *Journal des psychologues*, *Psychologues et psychologies* (bulletin bimestriel du Syndicat national des psychologues), *Actualités sociales hebdomadaires* (ASH).
Répondez le plus vite possible à l'annonce, en envoyant une lettre de motivation manuscrite et un curriculum vitae.

Envoyez des candidatures spontanées. Sélectionnez les différentes institutions ou entreprises dans lesquelles vous aimeriez travailler (un grand nombre pour augmenter les chances de trouver). Il est toujours mieux d'adresser le courrier à une personne précise. Vous pouvez donc vous renseigner en téléphonant au lieu en question.

De toute évidence, la lettre de motivation ne sera pas la même que celle qui répond à une offre d'emploi précise. Elle doit être plus générale et donner diverses pistes pour que l'employeur puisse vous imaginer à un poste qui répond à un besoin.

Bon à savoir : le Syndicat national des psychologues (SNP) édite des fiches techniques *Travailler aujourd'hui*, qui pourront vous aider dans votre recherche en vous apportant une aide méthodologique (prix adhérents : 13 euros, non adhérents : 21 euros).

▶ **Contact** : Syndicat national des psychologues (SNP). 40, rue Pascal. 75013 Paris. Tél. : 01 45 87 03 39.

Inventez, créez, faites-vous une place

Le point faible des jeunes diplômés est leur manque d'expérience. Il faut donc le compenser par d'autres atouts qui pourraient attirer :

- l'enthousiasme, l'énergie ;
- la créativité : vous pouvez proposer, selon la structure, de nouvelles perspectives, des modes d'expression pour l'équipe, des groupes de parole, des projets individuels personnalisés pour les employés... ;
- le désir d'apprendre, la curiosité.

DES IDÉES...

Par exemple, dans des associations ou autres structures n'ayant pas de psychologue, vous pouvez proposer un projet en montrant quel est l'intérêt pour cette association d'avoir un psychologue dans son équipe.
Autre exemple : aux Etats-Unis, la place du psychologue s'étend à des domaines très variés : si un programme propose une aide pour s'arrêter de fumer, on emploie un psychologue dont l'aide portera sur la dépendance psychologique.

Mais sachez que dans cette discipline la variété des postes permet de dépasser cet inconvénient. Certains établissements peuvent vouloir rajeunir leurs effectifs et leur insuffler une énergie nouvelle. Faites de votre jeunesse d'expérience un atout !

Ecrire une bonne lettre de motivation

La lettre de motivation est un exercice de style. Le ton doit être dynamique et plein d'énergie. Sans vous présenter comme le héros qui va révolutionner l'entreprise, il faut donner envie de vous rencontrer au moins une fois.

La lettre ne doit pas être longue (elle ne doit pas faire plus d'une page) et doit être de préférence manuscrite (à moins que votre écriture ne soit illisible).

Les étapes de la lettre peuvent être les suivantes

Voici à chaque étape un exemple de contenu. Imaginons que cette candidature soit adressée à un centre pour enfants inadaptés.

1. Introduction

Madame,
Je me permets de vous écrire pour vous soumettre ma candidature à un poste de psychologue dans votre établissement.

2. Présentation

Je viens d'obtenir mon diplôme de psychologie clinique et de psychopathologie à l'université Paris VII. Je poursuis actuellement une spécialisation en clinique de l'enfance.

3. Expérience passée résumée dans le domaine en question

Plusieurs stages dans le domaine de l'enfance, dans plusieurs types de structures – CMP-PMI – m'ont permis d'acquérir des compétences variées auprès de cette population. Ainsi, j'ai procédé à des passations de tests psychométriques et j'ai participé aux consultations d'enfants seuls et en famille.

4. Connaissance de l'entreprise ou de l'institution

Ainsi, j'aimerais beaucoup rejoindre une des équipes de votre établissement spécialisé dans l'enfance inadaptée. Il me semble que votre projet individualisé pour chaque enfant apporte un soutien psychologique d'une grande efficacité.

5. Projet en tant que psychologue dans ce lieu

C'est pourquoi j'aimerais faire partie de ce projet en mettant à la disposition de vos équipes mes compétences, mon enthousiasme et mon énergie.

6. Conclusion

Conclure votre lettre par une phrase sincère et qui ne soit pas trop conformiste.

Je me tiens à votre disposition pour toute information dont vous pourriez avoir besoin.
J'espère que vous serez sensible à ma motivation et que vous donnerez une suite favorable à ma requête.
Dans l'attente, chère Madame, veuillez croire à mes sentiments les plus sincères.

Le curriculum vitæ

Le curriculum vitæ suit votre lettre de motivation et doit être en cohérence avec elle.

Sachez cibler votre curriculum vitæ en fonction de l'établissement où vous postulez. Vous n'allez pas mettre en valeur les mêmes choses si vous postulez dans un établissement avec une population d'enfants, d'adultes ou de personnes âgées ; ni si vous postulez dans les secteurs de la justice, de la santé ou du travail.

Certaines parties du CV ne doivent pas être bâclées. N'oubliez pas que vous cherchez un poste dans le secteur des sciences humaines. C'est pourquoi, toutes vos expériences mêlant les relations interpersonnelles sont à mettre en valeur.

Tout ce qui dans votre formation ou votre vie professionnelle passée (même vos jobs d'été) a un lien avec la communication, les relations humaines, doit être mis en avant dans le CV : par exemple, une formation au BAFA, des sports collectifs, des séjours à visée humanitaire, du bénévolat dans une association...

Il n'y pas de véritable norme établie pour faire un CV. Toutefois, sa qualité essentielle doit être la clarté. En effet, l'employeur ne doit pas faire d'effort pour découvrir votre parcours et vos compétences. Il doit être séduit et non pas énervé parce qu'il ne comprendrait pas votre parcours.

Soyez donc concis, logique, et organisé.

Les différentes étapes dans l'élaboration du CV

• **Présentation de l'état civil**
Nom, prénom, nationalité, âge, état marital.

• **Votre formation**
Dans un ordre chronologique décroissant (en haut de la page le plus récent), présenter l'année de vos études, l'établissement, le diplôme obtenu, la mention éventuelle. Si vous avez fait des formations spécialisées après le cursus universitaire, vous pouvez les mentionner dans cette partie. Si elles sont nombreuses, vous pouvez créer une autre partie.

• **Votre expérience professionnelle**
Dans la même logique chronologique que pour la formation, présentez vos diverses expériences dans le domaine de la psychologie, en commençant par la plus récente. Si elles sont nombreuses, faites un tri judicieux en fonction du lieu pour lequel vous postulez.
Si vous n'avez pas encore beaucoup d'expériences en psychologie, vous pouvez sélectionner une expérience passée dans le domaine des relations humaines (bénévolat, humanitaire...) et l'ajouter à la liste.
Moins votre CV est fourni en expériences, plus votre lettre de motivation doit être convaincante sur vos qualités personnelles et votre enthousiasme.
Par ailleurs, en plus de la date et du lieu de votre activité (stages, emplois), indiquez votre statut, votre poste et résumez brièvement ce que vous avez fait.

Exemple :

2000-2001 - Hôpital Sainte-Anne : stagiaire psychologue au service « enfants et adolescents ». Participation aux consultations, pratique des tests psychométriques.

• Vos atouts complémentaires
Vous inscrirez dans une autre partie, vos formations complémentaires dans le domaine du social, médical ou de la psychologie. Vous pouvez également y mettre vos travaux de recherche, mémoires, articles...
Si vous effectuez un travail sur vous-même, vous l'inclurez également dans cette partie. Il est toujours bon de mettre en évidence cette démarche qui montre votre maturité.
Si vous postulez dans une structure dans laquelle la maîtrise d'une langue étrangère est importante, vous pouvez ajouter, dans cette partie, vos compétences dans cette langue.

• Vos loisirs ou centres d'intérêt
Cette partie est importante pour travailler dans les domaines des sciences humaines. Vos centres d'intérêt évoquent votre personnalité, votre rapport aux autres et à vous-même. Elle n'est donc pas à négliger.

Préparez les entretiens

• Rechercher des informations sur l'institution ou la personne que vous allez rencontrer. Vous vous sentirez ainsi plus à l'aise en face de votre interlocuteur. Vous lui montrerez aussi que vous êtes intéressé par cette structure en particulier.
• Résumer clairement vos connaissances et votre expérience dans ce domaine d'activité.

Mettre en valeur :
• votre désir de travailler en équipe ;
• votre talent d'initiative, votre curiosité, vos idées novatrices ;
• votre désir d'apprendre et votre rapidité d'acquisition.

Une question piège : « *pourquoi avez-vous fait psycho ?* »
Les employeurs posent parfois cette question à laquelle vous devez vous préparer à répondre : « *Pourquoi avez-vous choisi d'étudier la psychologie ?* » ou « *Pourquoi désirez-vous être psychologue ?* » Peut-être vous l'a-t-on déjà posée pour un entretien de stage.

Comme nous l'avons précisé plus haut, les personnes qui étudient la psychologie ont généralement été sensibilisées d'une certaine façon aux enjeux des relations interpersonnelles. Elles en ont souffert et/ou éprouvées un soutien à un moment donné de leur vie.

Toutefois, pour exercer en tant que psychologue, il faut savoir situer sa problématique personnelle et avoir réfléchi à ce qu'on cherche à réparer en exerçant ce métier.

C'est le but de cette question souvent posée en entretien par les professionnels du domaine. Ils veulent savoir si la personne a réfléchi un tant soit peu à la question, si elle est en cours d'analyse, ou si elle n'a jamais effleuré l'esprit du candidat.

Concrètement, pour répondre à cette question, il s'agit d'une part d'exposer son intérêt conscient et raisonné pour la psychologie (soigner l'autre, comprendre le fonctionnement psychique, résoudre des conflits, le rapport à l'autre...), et d'autre part de résumer votre analyse plus profonde de ce qui vous a amené vers ce domaine.

A noter : ne soyez pas choqué si l'employeur vous demande si vous faites un travail sur vous-même. Ce n'est pas ici une question personnelle, mais professionnelle.

Néanmoins, tous les employeurs ne posent pas cette question. Cela dépend du domaine d'application (champ de la psychologie clinique plus que de l'entreprise).

Début de l'activité professionnelle

En institution, le psychologue travaille avec une équipe pluridisciplinaire. Non seulement il doit savoir percevoir et respecter le rôle de chacun, mais il a aussi un rôle institutionnel. Il favorise la communication entre les membres de l'équipe et tente d'analyser les malentendus et les incompréhensions.

En entreprise, vous serez également amené à travailler en équipe. Vous vous apercevrez rapidement de la difficulté et de la grande richesse du travail en équipe.

Peu à peu, vous creuserez votre place. Sachez en dessiner les contours, en faire respecter le cadre et les limites.

N'hésitez jamais à demander conseil et à poser des questions, il est normal de ne pas savoir ; les premières années sont des années d'apprentissage (les années suivantes également !).

ANNEXES

1. Code de déontologie des psychologues

La pratique de la psychologie se conçoit dans un pays où les conditions matérielles et morales des libertés individuelles et collectives respectent les principes définis par la Déclaration universelle des droits de l'homme adoptée par les Nations unies. Depuis le début des années 1990, les organisations professionnelles se sont tout particulièrement préoccupées des questions de déontologie et d'éthique.

Le code de déontologie des psychologues a été adopté le 22 mars 1996 par les principales organisations professionnelles (Association des enseignants de psychologie des universités, Association nationale des organisations de psychologues, Société française de psychologie, Syndicat national des psychologues...).

Préambule

Le respect de la personne humaine dans sa dimension psychologique est un droit inaliénable. Sa reconnaissance fonde l'action des psychologues. Le présent Code de déontologie est destiné à servir de règle professionnelle aux hommes et aux femmes qui ont le titre de psychologue, quels que soient leur mode d'exercice et leur cadre professionnel, y compris leurs activités d'enseignement et de recherche. Sa finalité est avant tout de protéger le public et les psychologues contre les mésusages de la psychologie et contre l'usage de méthodes et techniques se réclamant abusivement de la psychologie.
Les organisations professionnelles signataires du présent Code s'emploient à le faire reconnaître et respecter. Elles apportent, dans cette perspective, soutien et assistance à leurs membres. L'adhésion des psychologues à ces organisations implique leur engagement à respecter les dispositions du Code.

I – Principes généraux

La complexité des situations psychologiques s'oppose à la simple application systématique de règles pratiques. Le respect des règles du présent Code de déontologie repose sur une réflexion éthique et une capacité de discernement, dans l'observance des grands principes suivants :

1. Respect des droits de la personne

Le psychologue réfère son exercice aux principes édictés par les législations nationale, européenne et internationale sur le respect des droits fondamentaux des personnes, et spécialement de leur dignité, de leur liberté et de leur protection. Il n'intervient qu'avec le consentement libre et éclairé des personnes concernées. Réciproquement, toute personne doit pouvoir s'adresser directement et librement à un psychologue. Le psychologue préserve la vie privée des personnes en garantissant le respect du secret professionnel, y compris entre collègues. Il respecte le principe fondamental que nul n'est tenu de révéler quoi que ce soit sur lui-même.

2. Compétences

Le psychologue tient ses compétences de connaissances théoriques régulièrement à jour, d'une formation continue à discerner son implication personnelle dans la compréhension d'autrui. Chaque psychologue est garant de ses qualifications particulières et définit ses limites propres, compte tenu de sa formation et de son expérience. Il refuse toute intervention lorsqu'il sait ne pas avoir les compétences requises.

3. Responsabilité

Outre les responsabilités définies par la loi commune, le psychologue a une responsabilité professionnelle. Il s'attache à ce que ses interventions se conforment aux règles du présent Code. Dans le cadre de ses compétences professionnelles, le psychologue décide du choix et de l'application des méthodes et techniques psychologiques qu'il conçoit et met en œuvre. Il répond donc personnellement de ses choix et des conséquences directes de ses actions et avis professionnels.

4. Probité

Le psychologue a un devoir de probité dans toutes ses relations professionnelles. Ce devoir fonde l'observance des règles déontologiques et son effort continu pour affiner ses interventions, préciser ses méthodes et définir ses buts.

5. Qualité scientifique

Les modes d'intervention choisis par le psychologue doivent pouvoir faire l'objet d'une explication raisonnée de leurs fondements théoriques et de leur construction. Toute évaluation ou tout résultat doit pouvoir faire l'objet d'un débat contradictoire des professionnels entre eux.

6. Respect du but assigné

Les dispositifs méthodologiques mis en place par le psychologue répondent aux motifs de ses interventions, et à eux seulement. Tout en construisant son intervention dans le respect du but assigné, le psychologue doit donc prendre en considération les subtilisations possibles qui peuvent éventuellement en être faites par des tiers.

7. Indépendance professionnelle

Le psychologue ne peut aliéner l'indépendance nécessaire à l'exercice de sa profession sous quelle que forme que ce soit.

8. Clause de conscience

Dans toutes les circonstances où le psychologue estime ne pas pouvoir respecter ces principes, il est en droit de faire jouer la clause de conscience.

II – L'exercice professionnel

Chapitre I : Le titre de psychologue et la définition de la profession

Article premier

L'usage du titre de psychologue est défini par la loi n° 85-772 du 25 juillet 1985 publiée au *J.O.* du 26 juillet 1985. Sont psychologues les personnes qui remplissent les conditions de qualification requises dans cette loi. Toute forme d'usurpation du titre est passible de poursuites.

Article 2

L'exercice professionnel de la psychologie requiert le titre et le statut de psychologue.

Article 3

La mission fondamentale du psychologue est de faire reconnaître et respecter la personne dans sa dimension psychique. Son activité porte sur la composante psychique des individus, considérés isolément ou collectivement.

Article 4

Le psychologue peut exercer différentes fonctions à titre libéral, salarié ou d'agent public. Il peut remplir différentes missions, qu'il distingue et fait distinguer, comme le conseil, l'enseignement de la psychologie, l'évaluation, l'expertise, la formation, la psychothérapie, la recherche... Ces missions peuvent s'exercer dans divers secteurs professionnels.

Chapitre II : Les conditions de l'exercice de la profession

Article 5

Le psychologue exerce dans les domaines liés à sa qualification, laquelle s'apprécie notamment par sa formation universitaire fondamentale et appliquée de haut niveau en psychologie, par des formations spécifiques, par son expérience pratique et ses travaux de recherche. Il détermine l'indication et procède à la réalisation d'actes qui relèvent de sa compétence.

Article 6

Le psychologue fait respecter la spécificité de son exercice et son autonomie technique. Il respecte celles des autres professionnels.

Article 7

Le psychologue accepte les missions qu'il estime compatibles avec ses compétences, sa technique, ses fonctions, et qui ne contreviennent ni aux dispositions du présent Code, ni aux dispositions légales en vigueur.

Article 8

Le fait pour un psychologue d'être lié dans son exercice professionnel par un contrat ou un statut à toute entreprise privée ou tout organisme public ne modifie pas ses devoirs professionnels, et en particulier ses obligations concernant le secret professionnel et l'indépendance du choix de ses méthodes et de ses décisions. Il fait état du Code de déontologie dans l'établissement de ses contrats et s'y réfère dans ses liens professionnels.

Article 9

Avant toute intervention, le psychologue s'assure du consentement de ceux qui le consultent ou participent à une évaluation, une recherche ou une expertise. Il les informe des modalités, des objectifs et des limites de son intervention. Les avis du psychologue peuvent concerner des dossiers ou des situations qui lui sont rapportés, mais son évaluation ne peut porter que sur des personnes ou des situations qu'il a pu examiner lui-même. Dans toutes les situations d'évaluation, quel que soit le demandeur, le psychologue rappelle aux personnes concernées leur droit de demander une contre-évaluation. Dans les situations de recherche, il les informe de leur droit de s'en retirer à tout moment. Dans les situations d'expertise judiciaire, le psychologue traite de façon équitable avec chacune des parties et sait que sa mission a pour but d'éclairer la justice sur la question qui lui est posée et non d'apporter des preuves.

Article 10

Le psychologue peut recevoir, à leur demande, des mineurs ou des majeurs protégés par la loi. Son intervention auprès d'eux tient compte de leur statut, de leur situation et des dispositions légales en vigueur. Lorsque la consultation pour des mineurs ou des majeurs protégés par la loi est demandée par un tiers, le psychologue requiert leur consentement éclairé, ainsi que celui des détenteurs de l'autorité parentale ou de la tutelle.

Article 11

Le psychologue n'use pas de sa position à des fins personnelles, de prosélytisme ou d'aliénation d'autrui. Il ne répond pas à la demande d'un tiers qui recherche un avantage illicite ou immoral, ou qui fait acte d'autorité abusive dans le recours à ses services. Le psychologue n'engage pas d'évaluation ou de traitement impliquant des personnes auxquelles il serait déjà personnellement lié.

Article 12

Le psychologue est seul responsable de ses conclusions. Il fait état des méthodes et outils sur lesquels il les fonde, et il les présente de façon adaptée à ses différents interlocuteurs, de manière à préserver le secret professionnel. Les intéressés ont le droit d'obtenir un compte rendu compréhensible des évaluations les concernant, quels qu'en soient les destinataires. Lorsque ces conclusions sont présentées à des tiers, elles ne répondent qu'à la question posée et ne comportent les éléments d'ordre psychologique qui les fondent que si nécessaire.

Article 13

Le psychologue ne peut pas se prévaloir de sa fonction pour cautionner un acte illégal, et son titre ne le dispense pas des obligations de la loi commune. Conformément aux dispositions de la loi pénale en matière de non-assistance à personne en danger, il lui est donc fait obligation de signaler aux autorités judiciaires chargées de l'application de la loi toute situation qu'il sait mettre en danger l'intégrité des personnes. Dans le cas particulier où ce sont des informations à caractère confidentiel qui lui indiquent des situations susceptibles de porter atteinte à l'intégrité psychique et physique de la personne qui le consulte ou à celle d'un tiers, le psychologue évalue en conscience la conduite à tenir et d'assistance à personne en danger. Le psychologue peut éclairer sa décision en prenant conseil auprès de collègues expérimentés.

Article 14

Les documents émanant d'un psychologue (attestation, bilan, certificat, courrier, rapport...) portent son nom, l'identification de sa fonction ainsi que ses coordonnées professionnelles, sa signature et la mention précise du destinataire. Le psychologue n'accepte pas que d'autres que lui-même modifient, signent ou annulent les documents relevant de son activité professionnelle. Il n'accepte pas que ses comptes rendus soient transmis sans son accord explicite, et il fait respecter la confidentialité de son courrier.

Article 15

Le psychologue dispose sur le lieu de son exercice professionnel d'une installation convenable, de locaux adéquats pour permettre le respect du secret professionnel, et de moyens techniques suffisants en rapport avec la nature de ses actes professionnels et des personnes qui le consultent.

Article 16

Dans le cas où le psychologue est empêché de poursuivre son intervention, il prend les mesures appropriées pour que la continuité de son activité professionnelle soit assurée par un collègue, avec l'accord des personnes concernées, et sous réserve que cette nouvelle intervention soit fondée et déontologiquement possible.

Chapitre III : Les modalités techniques de l'exercice professionnel

Article 17

La pratique du psychologue ne se réduit pas aux méthodes et aux techniques qu'il met en œuvre. Elle est indissociable d'une appréciation critique et d'une mise en perspective théorique de ces techniques.

Article 18

Les techniques utilisées par le psychologue pour l'évaluation, à des fins directes de diagnostic, d'orientation ou de sélection, doivent avoir été scientifiquement validées.

Article 19

Le psychologue est averti du caractère relatif de ses évaluations et interprétations. Il ne tire pas de conclusions réductrices ou définitives sur les aptitudes ou la personnalité des individus, notamment lorsque ces conclusions peuvent avoir une influence directe sur leur existence.

Article 20

Le psychologue connaît les dispositions légales et réglementaires issues de la loi du 6 janvier 1978 relatives à l'informatique, aux fichiers et aux libertés. En conséquence, il recueille, traite, classe, archive et conserve les informations et données afférentes à son activité selon les dispositions en vigueur. Lorsque ces donnés sont utilisées à des fins d'enseignement, de recherche, de publication, ou de communication, elles sont impérativement traitées dans le respect absolu de l'anonymat, par la suppression de tout élément permettant l'identification directe ou indirecte des personnes concernées, cela toujours en conformité avec les dispositions légales concernant les informations nominatives.

Chapitre IV : Les devoirs du psychologue envers ses collègues

Article 21
Le psychologue soutient ses collègues dans l'exercice de leur profession et dans l'application et la défense du présent Code. Il répond favorablement à leurs demandes de conseil et les aide dans les situations difficiles, notamment en contribuant à la résolution des problèmes déontologiques.

Article 22
Le psychologue respecte les conceptions et les pratiques de ses collègues pour autant qu'elles ne contreviennent pas aux principes généraux du présent Code ; cela n'exclut pas la critique fondée.

Article 23
Le psychologue ne concurrence pas abusivement ses collègues et fait appel à eux s'il estime qu'ils sont plus à même que lui de répondre à une demande.

Article 24
Lorsque le psychologue remplit une mission d'audit ou d'expertise vis-à-vis de collègues ou d'institutions, il le fait dans le respect des exigences de sa déontologie.

Chapitre V : Le psychologue et la diffusion de la psychologie

Article 25
Le psychologue a une responsabilité dans la diffusion de la psychologie, auprès du public et des médias. Il fait de la psychologie et de ses applications une présentation en accord avec les règles déontologiques de la profession. Il use de son droit de rectification pour contribuer au sérieux des informations communiquées au public.

Article 26
Le psychologue n'entre pas dans le détail des méthodes et techniques psychologiques qu'il présente au public, et il l'informe des dangers potentiels d'une utilisation incontrôlée de ces techniques.

III – La formation du psychologue

Chapitre I : Les principes de la formation

Article 27
L'enseignement de la psychologie à destination des futurs psychologues

respecte les règles déontologiques du présent Code. En conséquence, les institutions de formation :

• diffusent le Code de déontologie des psychologues aux étudiants dès le début des études ;

• s'assurent de l'existence de conditions permettant que se développe la réflexion sur les questions d'éthique liées aux différentes pratiques : enseignement et formation, pratique professionnelle, recherche.

Article 28

L'enseignement présente les différents champs d'études de la psychologie, ainsi que la pluralité des cadres théoriques, des méthodes et des pratiques, dans un souci de mise en perspective et de confrontation critique. Il bannit nécessairement l'endoctrinement et le sectarisme.

Article 29

L'enseignement de la psychologie fait une place aux disciplines qui contribuent à la connaissance de l'homme et au respect de ses droits, afin de préparer les étudiants à aborder les questions liées à leur futur exercice dans le respect des connaissances disponibles et des valeurs éthiques.

Chapitre II : Conception de la formation

Article 30

Le psychologue enseignant la psychologie ne participe pas à des formations n'offrant pas de garanties sur le sérieux des finalités et des moyens. Les enseignements de psychologie destinés à la formation continue des psychologues ne peuvent concerner que des personnes ayant le titre de psychologue. Les enseignements de psychologie destinés à la formation de professionnels non-psychologues observent les mêmes règles déontologiques que celles énoncées aux articles 27, 28 et 32 du présent Code.

Article 31

Le psychologue enseignant la psychologie veille à ce que ses pratiques, de même que les exigences universitaires (mémoires de recherche, stages professionnels, recrutement des sujets...), soient compatibles avec la déontologie professionnelle. Il traite les informations concernant les étudiants acquises à l'occasion des activités d'enseignement, de formation ou de stage, dans le respect des articles du Code concernant les personnes.

Article 32

Il est enseigné aux étudiants que les procédures psychologiques concernant l'évaluation des individus et des groupes requièrent la plus grande rigueur scientifique et éthique dans leur maniement (prudence, vérification) et leur utilisation (secret professionnel et devoir de réserve), et que les présentations de cas se font dans le respect de la liberté de consentir ou de refuser, de la dignité et du bien-être des personnes présentées.

Article 33

Les psychologues qui encadrent les stages, à l'université et sur le terrain, veillent à ce que les stagiaires appliquent les dispositions du Code, notamment celles qui portent sur la confidentialité, le secret professionnel, le consentement éclairé. Ils s'opposent à ce que les stagiaires soient employés comme des professionnels non rémunérés. Ils ont pour mission de former professionnellement les étudiants, et non d'intervenir sur leur personnalité.

Article 34

Conformément aux dispositions légales, le psychologue enseignant la psychologie n'accepte aucune rémunération de la part d'une personne qui a droit à ses services au titre de sa fonction universitaire. Il n'exige pas des étudiants qu'ils suivent des formations extra-universitaires payantes ou non, pour l'obtention de leur diplôme. Il ne tient pas les étudiants pour des patients ou des clients. Il n'exige pas leur participation, gratuite ou non, à ses autres activités, lorsqu'elles ne font pas explicitement partie du programme de formation dans lequel sont engagés les étudiants.

Article 35

La validation des connaissances acquises au cours de la formation initiale se fait selon les modalités officielles. Elle porte sur les disciplines enseignées à l'université, sur les capacités critiques et d'autoévaluation des candidats, et elle requiert la référence aux exigences éthiques et aux règles déontologiques des psychologues.

2. Carnet d'adresses

Les IUP

Université Aix-Marseille
IUP en management public
Institut d'études politiques (IEP)
25, rue Gaston de Saporta
13625 Aix-en-Provence cedex 1
Tél. : 04 42 17 05 50
E-mail : noura.gharbi@iep-aix.fr

Université Clermont-Ferrand
IUP en management public et privé
Campus des Cézeaux
BP 225
63174 Aubière cedex
Tél. : 04 73 40 75 91
Fax : 04 73 40 76 63

Université Dijon
IUP en management culture et éducation
Institut universitaire professionnalisé Denis Diderot
36, rue Chabot Charny
21000 Dijon
Tél. : 03 80 58 98 54

Université Le Mans
IUP de management et gestion des entreprises de l'économie sociale
Charles Gide
UFR droit et sciences économiques
Avenue Olivier Messiaen
72085 Le Mans cedex 9
Tél. : 02 43 83 37 91
Fax : 02 43 83 35 62

Université Lille I
IUP en métier de la formation continue
Centre-Université-Economie de l'éducation permanente
11, rue Auguste Angellier
59046 Lille cedex
Tél. : 03 20 58 11 11
Fax : 03 20 58 11 10
E-mail : directeur-cueep@univ-lille1.fr

Université Limoges
IUP en santé, social, loisirs, option management des petites et moyennes organisations santé, social, loisirs
2, rue du Docteur Marcland
87025 Limoges cedex
Tél. : 05 55 43 59 15
Fax : 05 55 43 59 36
Internet : www.iup.unilim.fr
E-mail : iup@unilim.fr

Université Lyon I
IUP en administration des petites et moyennes structures, option gestion des établissements sanitaires et sociaux
Technopôle de Lyon-Gerland
181-203, avenue Jean Jaurès
69007 Lyon
Tél. : 04 37 65 39 08
Fax : 04 37 65 39 15
E-mail : christelle.bidaud@lyongerland.com

Université Paris XII
IUP en ingénierie de l'éducation
Case courrier 7071
Tour 44-43. Etage 3
2, place Jussieu
75251 Paris cedex 05

Université Paris XIII
IUP de ville et santé
Avenue de la Convention
93017 Bobigny cedex
Tél. : 01 48 36 15 64
Fax : 01 48 36 82 16.

Université Toulouse II
IUP de sociologie appliquée
5, allée A. Machado
31058 Toulouse cedex
Tél. : 05 61 50 48 86
Fax : 05 61 50 46 60

Les MST

Université Bordeaux II
MST santé publique
146, rue Léo Saignat
33076 Bordeaux cedex
Tél. : 05 57 57 13 22
Fax : 05 56 24 00 81

Université Paris V
MST de sciences sociales appliquées
UFR de mathématiques et informatique
45, rue des Saints-Pères
75006 Paris
Tél. : 01 44 55 35 38
Fax : 01 44 55 35 35
E-mail : valerie.greff@math-info.univ-paris5.fr

Université Paris XI
MST de physiologie du travail, ergonomie, physiologie appliquée
Faculté des sciences d'Orsay
Secrétariat pédagogique
Bâtiment 452
91405 Orsay cedex
Tél. : 01 69 15 76 48
E-mail : roseline.jacquot@ergonomie.u-psud.fr

34/38, rue Camille-Pelletan - 92309 Levallois-Perret cedex
Imprimerie Brodard & Taupin - 72200 La Flèche
Imprimé en France - 1er trimestre 2004

Responsable d'édition : Elsa Goisnard
Conception graphique : Catherine Aubin
Crédit photographique : DR

Dépôt légal à parution
ISBN 2-84472-340-3